语文教师小丛书

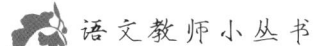语文教师小丛书

文言的学习

王　力　著
熊江平　选编

图书在版编目(CIP)数据

文言的学习 / 王力著;熊江平选编 . —北京:商务印书馆,2018(2025.10重印)
(语文教师小丛书)
ISBN 978-7-100-16126-8

Ⅰ.①文⋯ Ⅱ.①王⋯ ②熊⋯ Ⅲ.①文言文—中学—教学参考资料 Ⅳ.① G634.303

中国版本图书馆 CIP 数据核字(2018)第 108169 号

权利保留,侵权必究。

语文教师小丛书

文言的学习

王 力 著

熊江平 选编

商 务 印 书 馆 出 版
(北京王府井大街36号 邮政编码100710)
商 务 印 书 馆 发 行
北京通州皇家印刷厂印刷
ISBN 978 - 7 - 100 - 16126 - 8

| 2018年12月第1版 | 开本 787×1092 1/32 |
| 2025年10月北京第5次印刷 | 印张 9¾ 插页 2 |

定价:49.00元

出版说明

本馆历来重视教育,自1897年创立迄今,以"昌明教育,开启民智"为宗旨,始终肩负中国新教育出版重任,编辑出版中小学、大学各科教科书,教学参考书,师范用书,移译各国教育书籍,分类编纂,精益求精,尤为教育界所欢迎。

我们确信,无论时代潮流如何变迁,教师始终应当具备丰富的文化知识。语文学科具有基础性和综合性的特点,语文教师尤其需要广泛吸取各类有益的思想文化知识,充实自己的头脑。承载这类知识的图书品种十分丰富。那些为语文教师所公认的经典好书,蕴含着丰富的知识思想和学术价值,值得反复阅读。过去,这些书或以单行本印行,或收入其他丛书,从语文教师文化知识积累角度而言,难成系统,不便于收集和查考。为此,我们在广泛征求意见的基础上,从满足语文教师专业成长需要出发,选择语文教育相关领域中为学界所公认和熟知的大家经典,汇编成"语文教师小丛书",陆续编辑,分辑印行,以期相得益彰,蔚为大观,既便于教师研读查考,又有利于文化积累。

晚清教育家张之洞说过:"读书宜有门径。泛滥无归,终身无得;得门而入,事半功倍。"愿这套丛书能够为语文教师指示一条读书的小径。希望海内外教育界、知识界、读书界给我们批评、建议,帮助我们把这套丛书出好。

商务印书馆编辑部

2017 年 1 月

怎样学习文言

熊江平

王力先生是我国现代语言学的奠基人之一，又是著名的教育家。他在五十年的学术活动中，写下了近千万字的学术论著，他对汉语语音、语法、词汇的历史和现状，都进行了精深的研究。

20世纪60年代初，王力先生主编《古代汉语》教材，他有许多的文章和演讲是研究怎样学习和教学古代汉语的。这本《文言的学习》便是从这些文章中选编而成的。

这里讲的古代汉语是教学内容上的一个概念，指的是古诗文。王力先生说："古代汉语课只是教的所谓'文言文'，又叫做'古文'，古代汉语课学习和研究的对象是一个以先秦口语为基础而形成的上古汉语书面语言以及后代作家仿古的作品中的语言。这就是我们讲的古代汉语。"

古文，也叫文言文；古诗，也叫文言诗。文言是和白话相对的，白话是与一定历史时期的口语相接近的一种书面语。为了区别于现代白话，我们把古代汉语中的白话称为古白话，如唐代的变文，宋元的话本，明代的《水浒传》《西游记》，清代的《儒林外史》等都是。语言是发展的，不同时期的语言，在语音、词汇和语法上都有差异，这种现象反映在白话中特别明显，我们读不同时期的古白话作品时能明显地感觉出它们在语言上的时代差别。文言，是跟汉代以后的口语脱节的一种书面语，最初建立在汉代以前口语的基础上。如《论语·学而》"夫子之求之也，其诸异乎人之求之与"，一句话就有九个虚词，可见当时是把每句话的虚词都记下来的。这种口语在魏晋南北朝时期就不说了，但是魏晋南北朝以后，一直到五四运动前的读书人，都把汉代以前的文章当成典范而刻意模仿，这样，汉代以前的语言就成了一种贯穿中国几千年历史的书面语了，这种书面语就是文言，中国几千年的古籍，绝大部分是用这种书面语写成的。

文言和白话相比，有两个明显的特点——"历久不变"和"脱离口语"。

"历久不变"是指文言的词汇系统和语法系统。当然，因为模仿,各个时代的作家写出的文言文不免无意中夹杂后代的词语和后代的语法,不可能跟汉代以前的文章完全一样,这就使文言在不变之中有某些细微的变化,但这种变化没有改变文言的基本面貌。所以,无论先秦两汉,还是宋元明清的文言作品,它们的基本词汇、语法都大致相同。这就给了我们一个方便,只要学通了文言,我们就能不受时代的限制,在浩如烟海的古籍里自由地吸取需要的营养。如果古籍不是用文言写的,而是用历史上不同时期的白话写的,让我们去继承这份遗产,那不知道要难多少倍。

"脱离口语"的特点使得文言古奥难懂。从魏晋南北朝起直到今天,要学会文言都不是一件容易的事。因为"会"的标准不同,学的难易程度也不同。古代社会的读书人会文言的标准是能读能写,现代人会文言,只要能读就行了。相对而言,现代人的"会",标准低多了。况且,许多古籍经过历代学者的整理,阅读的难度减少了。尽管这样,现代人要学会文言读古籍仍然有困难。语言发展了,时代相隔太远,我们对文言的词汇意义、语法特点感到陌生;古籍中记载的历史文化、典章制度,我们或者不熟悉,或者从来没有接触。这些,都是学习文言的困难。然而,要读古籍就必须学会文言。

关于怎样学习文言，王力先生有几个观点：

第一，建立历史的观点，注意语言的社会性和时代性。

王力先生在《研究古代汉语要建立历史发展观点》一文中详细阐明了这个观点。并且，他在每一篇谈怎样学习文言（古汉语）的文章中都强调了这一点。什么叫历史的观点呢？就是利用历史发展的观点研究古汉语的语音、语法和词汇。现代汉语是从古代汉语发展来的，现代汉语和古代汉语在语音、语法和词汇方面有些是相同的，有些是不同的。因此，我们研究古代汉语就要知道，什么是古代汉语有而现代汉语没有的，什么是现代汉语有而古代汉语没有的，不能把时代搞错了。

宋代的朱熹读《诗经》时觉得有些地方不押韵，就说应该临时读某字为某音（叫作"叶音"），以求谐和。他不知道周代古音和宋代的读音不同。现代人读唐诗，觉得有些地方不押韵，他们不知道唐代古音和现代的读音不同。

望文生义，误用通假、滥用通假等都是因为没有历史观点，不了解语言的社会性和时代性。

第二，强调词汇学习的重要性。就语音、语法、词汇来说，词汇最重要。

王力先生说："语音问题不大，因为我们读古书不一定要学古人的读音，但我们要知道古今读音的不同。语法比较重要,但不是最重要的一种。学习的重点应放在词汇上面,要注意词义的古今异同。"

现代人读文言,用现代的字音,并不影响对内容的理解。"阿房宫"的"房"读 fáng 好了,没有必要依"古无轻唇音"的理论去读成 páng(杜牧是晚唐诗人,他写《阿房宫赋》的时候,"房"的声母已经是轻唇音了),因为并不影响意义。读王之涣的"黄河远上白云间","白"字读平声,虽然成了"三平调",也不妨碍理解诗句的意义。读《敕勒歌》"敕勒川,阴山下。天似穹庐,笼盖四野",知道"下"和"野"是押韵字(同属上声马韵),在以后的语音变化中,不仅不押韵(因为"下"是开口二等字,"野"是开口三等字,所以后来的主要元音变得不同了),声调也不同("下"是全浊声母的匣母字,随着声调"浊上变去"的规律变成了去声),就行了,用不着非把"野"字的音读成 yǎ 不可。我们虽然不能按照古音去读古代的诗文,但要知道古代的读音和现代的读音是不同的,要知道诗歌是押韵的,要知道唐诗宋词里有格律的问题,有平仄和对仗的讲究,才能更好地欣赏语言的音乐美,王力先生在《略论语言形式美》《唐诗三首》《宋词三首》专门谈到了这一点。在读音问题上,值得注意的是四声别义和通假字异读的问题,因为涉及意义。四声别义也叫"破读"，是上古到中古汉语的一种造词手段，用变读字的四声来分别词性和词义。我们要注意这种现象，但具体到某一个字，是读"本音"，还是"破读"，就有不同的选择了。"欲王关中"的"王"，读本音 wáng 好，还是读破为 wàng 好；"井蛙不可语于海者"的"语"，是读本音 yǔ 好，还是读破为 yù 好；"文过饰非"的"文"是读本音 wén 好，还是读破为 wèn 好？目前还没有统一的看法。不过，这种统一是比较容易的，我的意见是全读本音也未尝不可。通假字与被通假字原来是同音或音近的，由于古今音的变化，后来变得不相同了，为了保持通假上音同义通的关系，通假字改读被通假字的音是合理的。"犬兔俱罢，各死其处"，"罢"通"疲"，"罢"要读"疲"的音。通假字不仅仅是古音学上的问题，还要涉及古代的文字、词汇方面的知识。对于初学者来说，掌握通假字的办法只能是多查字典、多记，可以列出一些常见的让学生记住，通假字的读音也就解决了。

语法上的障碍稍多一些，也比较重要。"不患人之不己知，患不知人也"，"不己知"，在否定句中，代词宾语放在动词前了，这个要知道。知道了就能解释类似的一大批现象，如"我无尔诈，尔无我虞""勇力弗敢我杀"，等等。"是可忍，孰不可忍"，"是"在这里是代词，不是判断词，这个要知道。知道了就能解释类似的一大批现象，如"是社稷之臣也，何以伐为""以是知公子恨之复返也"，等等。不过，语法比较稳定，古今差别不太大，知道一个大概也就差不多了。

词汇最重要，也最难。原因一是数量多，二是古今词义变化大。《说文解字》收单字9353个，《康熙字典》收单字47035个。有些词，古代有，现代没有了。"沛公奉卮酒为寿，约为婚姻"，"卮"是古代的一种酒器，和今天的"酒杯"是不同的；"为寿"指的是古代给尊长献上酒并祝健康长寿的礼节，今天叫"敬酒"。像"卮""为寿"一类的词，在现代汉语里见不到，读者当然难明白它们的意思。另外一些词，虽然也出现在现代汉语中，但古今词义有了变化，或扩大，或缩小，或转移。"先帝在时，每与臣论此事，未尝不叹息痛恨于桓灵也"，这里面的"恨"不当今天的"仇恨"讲，而是"抱怨""遗憾"的意思，"痛恨"是"痛心和感到遗憾"的意思。这就是古今词义差别的地方，按现代汉语的词义去解释，根本讲不通。并且，这个"古今"也是相对而言的，唐宋对今天而言是"古"，但对先秦而言是"今"。词义的发展有时代性。"售"，现代汉语只有"卖"这个义项；在唐宋时期是"买"的意思，没有"卖"的意思；在先秦既无"卖"义，又无"买"义,是"卖出手"的意思。《诗经·邶风·谷风》"贾用不售","不售"是没有卖出去的意思。《韩非子·外储说右上》"宋人有酤酒者,……为酒甚美,县帜甚高,然而不售,酒酸。怪其故,问其所知闾长者杨倩,倩曰:'汝狗猛邪?'曰:'狗猛则酒何故而不售?'曰:'人畏焉。或令孺子怀钱挈壶瓮而往酤,而狗迓而龁之,此酒所以酸而不售也。'"这里面的"不售"都是没有卖出去的意思。到了唐宋,"售"有"买"的意思了。《梦溪笔谈》卷十七:"藏书画者多取空名,偶传为钟、王、顾、陆之笔,见者争售。"这个句子中的"售"是"买"的意思。不过先秦"售"的"卖出手"即把东西卖掉了的意思在唐宋还保存着。《钴鉧潭西小丘记》:"问其主,曰:'唐氏之弃地,货而不售。'问其价,曰:'止四百。'余怜而售之。"所有这些都说明古今词义变化的复杂。学习文言,最应该下功夫的是多掌握文言词语,只有将一篇文言文的词语的意思弄清楚了,才可能将整篇文章读懂;只有掌握了一定数量的文言词语的意义,对文言词语的词义方面的知识有一定的积累,才可能比较顺利地阅读文言文。

第三,在词汇学习中,常用词特别重要。

任何一种语言,不管它的词汇量有多大,作为经常使用的词汇,数量总是不太多的。现代汉语有常用字表,用它对200万字的语料进行抽样检测，结果表明：2500个常用字覆盖率达97.97%，1000个次常用字的覆盖率达1.51%，合计（3500字）覆盖率达99.48%。这些常用字能组合成好几万条词语。其中哪些是现代汉语常用的词呢？目前还没有统计出来。《现代汉语常用字表》所列的3500个字（包括1000个次常用字），不能看成是现代汉语常用词（其中许多不能单独成词）。如果从文言材料中统计出一批常用字，那情况就不同了，因为文言词是以单音节为主的，所以文言常用字基本上可以算是文言常用词。王力先生为了教学的需要，在主编《古代汉语》时，对《春秋三传》《诗经》《孟子》《庄子》等几部书出现的字作过统计，以在书中出现10次以上的字为标准而适当增减，加上部分汉魏两晋南北朝作品中的常用字，列出1086个字；并注明这些字的常用的意义，作为常用词和文选、通论一起构成《古代汉语》内容的三个部分。这1086个字排除了文言中的生僻字，如"蠃""衤"等；还排除了古今字义完全相同的字，如"人""手""笔""墨""牛""羊"等。生僻字出现的次数少，翻检辞书就可以解决问题。古今意义不同的常用字，在阅读文言作品时，经常要接触，如果掌握了它们的意义，就能扫除字词上的一大片障碍，就能开卷读书了。王力先生在文言文教学上的这一改革，克服了过去"讲一篇懂一篇,不讲就不懂了"的弊病,大大地提高了教学效率。他的成功经验,已被大学古汉语教学普遍地采用,同样也适用于中学文言文教学。

关于文言文的教学,王力先生认为,感性认识和理性认识都要,但主要还是感性认识。"就是要下苦功,多读多记,坚持感性和理性结合,这样才能解决问题。""要读得熟,熟能生巧。所以学习古汉语的最基本要求,就是念三五十篇古文,一二百首唐诗。宁可少些,但要学得精些。"

学习语言的最好办法是生活在那种语言环境中,每天说,每天听,就能很容易地学会。说文言的时代已经距我们很远很远了,后世学文言的人已经找不到那种语言环境了。但是,我们可以通过诵读古人的文章和古人晤对一堂,在一个小的天地里创造出一个学文言的语言环境。诵读时,口耳眼心都能用得上,记得快,能培养文言的语感。需要强调的是,诵读必须在理解词义、了解句式的前提下进行。只有在懂得词义,了解句式特点,像朱熹所说的那样"一字一句,分晓真切"的前提下,让学生反复诵读一篇篇文言作品,才对文言文阅读能力的提高有意义。在理解的基础上诵读,一直读到熟,熟到什么程度?一般来说,一篇课文,提出其中某一句,要能知道出自哪一篇,是什么意思；如果能背诵则更好。"宁可少些，但要学得精些。"这是从较高要求提出的"熟"。王力先生的"熟"也有较低要求的，那就是"小学生读古文，准备他们学不懂，这没有关系，只要熟读了，慢慢地就会懂的"。总的来说是一个"熟"，熟读背诵三五十篇古文，一二百首古诗，是最基本的要求。现行的《义务教育语文课程标准》推荐背诵的篇目，小学阶段有古诗75首，初中阶段有古诗40首、古文21篇。《普通高中语文课程标准》推荐背诵的篇目有古诗40首、古文20篇。整个中小学教育阶段古诗文的背诵数量，达到了王力先生的基本要求。

要记文言常用词。王力先生说："我们要把常常见面的词记熟了，学古汉语和学外语一样，要记生字。古代汉语大概有一千到一千二百个常用词，把它像学外文记生字那样地记住，大有好处。"因此，文言文的阅读教学，有一个"重新识字"的问题，所谓"重新识字"，是指那些虽然能读出声音，但不懂得它们在文言中的意义的字，要让学生明白其词义。对于文言常用词的词义，王力先生说："我们还要记它常用的意义，那些生僻的意义，可以不记它。比如一个字有五个常用的意义和五个生僻的意义，那我们就要去记那五个最常用的意义。"目前中学文言文教学对文言词语的积累，只体现在教材注释和练习中。而这种练习是零碎的，不系统。中学文言文教学没有引入王力先生《古代汉语》里那样一个文言常用词表，没有把文言常用词量化。如何教学文言常用词，教多少，怎样教，是中学文言文阅读教学的一个待研究的课题。

我在北大上学时听王力先生讲过一次课，那情景真是如坐春风。我记得是1981年10月王力先生去日本讲学前后，在北大图书馆旁边的二教学楼的第一层，教室里十分安静，81岁高龄的王力先生坐在椅子上，用轻缓的语言为我们讲述《同源字典》的性质和意义。37年过去了，王力先生的音容笑貌犹深印脑海。今天能将王力先生论文言教学的文章编辑出版，远播四方，这对我而言，是一件非常荣幸的事。于是，我献上我的读书心得，求教于广大的读者。

2018年6月于北京

目 录

文言的学习 …………………………………………… *1*

谈谈学习古代汉语 …………………………………… *23*

怎样学习古代汉语 …………………………………… *42*

关于古代汉语的学习和教学 ………………………… *65*

研究古代汉语要建立历史发展观点 ………………… *100*

漫谈古汉语的语音、语法和词汇 …………………… *112*

训诂学上的一些问题 ………………………………… *123*

古语的死亡、残留和转生 …………………………… *146*

词义的发展和变化 …………………………………… *154*

字典问题杂谈 ………………………………………… *162*

"本"和"通" ………………………………………… *176*

新字义的产生 ………………………………………… *178*

说"江、河" ………………………………………… *184*

双声叠韵的应用及其流弊 …………………………… *198*

略论语言形式美 ……………………………………… *205*

唐诗三首 ………………………………………… *237*

宋词三首 ………………………………………… *254*

我的治学经验 …………………………………… *278*

编后记 …………………………………………… *296*

文言的学习

文言和语体是对立的,然而一般人对于二者之间的界限常常分不清。普通对于语体的解释是依照白话写下来的文章,反过来说,凡不依照白话写下来的,就是文言。这种含糊的解释就是文言和语体界限分不清的原因。所谓白话,如果是指一般民众的口语而言,现在书报上的"白话文"十分之九是名不副实的,所以有人把它叫作"新文言"。如果以白不白为语体文言的标准,"新文言"这个名词是恰当的。但是,现在书报上又有所谓文言文,它和语体文同样是和一般民众的口语不合的。那么,文言和语体又有什么分别呢?原来这种文言文就是把若干代词和虚词改为古代的形式,例如"他们"改为"彼等","的"改为"之",等等。它和语体文的分别确是很微小的。如果语体文可称为"新文言"的话,这种文言文可称为"变质的新文言"，或"之乎者也式的新文言"。

这种"变质的新文言"如果写得很好，可以比白话文简洁些。有人拿它来比宋人的语录。在简洁一点上，它们是相似的。但是，宋人的语录是古代词汇之中杂着当时的词汇，语法方面差不多完全是当时的形式。现在那些"变质的文言文"所包含的成分却复杂得多了，其中有古代的词汇，有现在口语的词汇，有欧化的词汇；有古代的语法，有现代口语的语法，有欧化的语法。总算起来，欧化的成分最多，现代口语的成分次之，古代的词汇又次之，古代的语法最少。由此看来，现在一般所谓文言文并不是民国初年所谓文言文，后者是严复、林纾一派的文章，是由古文学来的，前者却是纯然现代化的产品，古文的味儿几乎等于零了。

现在一般人所谓文言文，既可称为"变质的文言文"，又可称为"变质的语体文、白话化的文言、文言化的白话"，等等。这些都可以说明，它和语体文是没有界限可言的。但是，我们所谓文言却和现在一般人所谓文言不同，它是纯然依照古代的词汇、语法、风格和声律写下来的，不杂着一点儿现代的成分。若依我们的定义，文言和语体就大有分别了。语体文是现代人说的现代话，心里怎样想，笔下就怎样写。有时候某一些人所写的话超出了一般民众口语的范围，这是因为他们的现代知识比一般民众的高，他们的"话"实在没有法子迁就一般民众的"话"，然而他们并没有歪曲他们的"话"，去模仿另一个时代的人的文章。文言文却不是这样。作者必须把自己的脑筋暂时变为古人的脑筋，学习古人运用思想的方式。思想能像19世纪中国人的思想就够了，至于词汇、语法、风格和声律四方面，却最好是回到唐宋或两汉以前，因为文言文是以古雅为尚的。必须是这样的文言，才和语体有根本的差异。我们必须对于文言给予这样的定义，然后这一篇文章才有了立论的根据。

说到这里，读者应该明白我们为什么向来不主张一般青年们用文言文写作了。我们并不排斥那种"白话化的文言"。我们只以为它和普通的语体文的性质相似到那种地步，语体文写得好的人也就会写它，用不着一本正经地去学习。至于我们所谓文言，纯然古文味儿的，却不是时下的一般青年所能写出来的。科举时代，读书人费了十年或二十年的苦功，专门揣摩古文的"策法"，尚且有"不通"的。现代青年们脑子不是专装古文的了；英文、数学之类盘踞了脑子的大部分，只剩下一个小角落给国文，语体还弄不好，何况文言？中学里的国文教员如果教学生写两篇"白话化"的文言文，我们还不置可否，如果教他们正经地揣摩起古文来，我们就认为是误人子弟。因为学不好固然是贻笑大方，学好了也就是作茧自缚。文章越像古文，就越不像现代的话。身为现代的人而不能说现代的话，多难受！况且在学习古文的时候不知不觉地学会了古人运用思想的方式，于是空疏、浮夸、不逻辑，种种古人易犯的毛病都来了。所以即使学得到了三苏的地步，仍旧是得不偿失。

什么时候可以学习文言呢？我们说是进了大学之后。什么人可以学习文言呢？我们说是中国语言文学系的学生。研究中国语言史的人，对于古代语言，不能不从古书中寻找它的形式。研究中国文学史的人，更不能不研究历代的文学作品。语史学家对于古文，要能分析；文学史家对于古文，要能欣赏。然而若非设身处地，做一个过来人，则所谓分析未必正确，所谓欣赏也未必到家。甲骨文的研究者没有一个不会写甲骨文的，而且多数写得很好。他们并非想要拿甲骨文来应用，只是希望写熟了，研究甲骨文的时候可以得到若干启发。语言史和文学史的研究者也应该明白这个道理，如果你对于文言的写作是个门外汉，你并不算是了解古代的语言和文学——至少是了解得不彻底。

但是，模仿古人，真是谈何容易！严格地说起来，自古至今没有一个人成功过。拟古乃是一种违反自然的事情。自己的口语如此,而笔下偏要如彼,一个不留神,就会露出马脚来。姚鼐、曾国藩之流,总算是一心揣摩古文了,咱们如果肯在他们的文章里吹毛求疵,还可以找出若干欠古的地方。至于一般不以古文著名的文人,就更常常以今为古了,例如《三国演义》里所记载的刘备给诸葛亮的一封信:

> 备久慕高名,两次晋谒。不遇空回,惆怅何似?窃念备汉朝苗裔,滥叨名爵。伏睹朝廷陵替,纲纪崩摧:群雄乱国,恶党欺君。备心胆俱裂!虽有匡济之诚,实乏经纶之策。仰望先生仁慈忠义,慨然展吕望之大才,施子房之鸿略。天下幸甚。社稷幸甚。先此布达,再容斋戒薰沐,特拜尊颜,面倾鄙悃,统希鉴原。

如果现代的人能写这样一封文言的信,该算是很好的了。但是,汉末的时代却绝对不会有这样的文章。"先此布达、统希鉴原"一类的话是最近代的书信客套,不会早到宋代。至于排偶平仄,整齐到这种地步,也不会早到南北朝以前。单就词汇而论,也有许多字义不是汉代所有的。

现在试举出几个显而易见的例子来说：

1."两次晋谒"的"两次"，汉代以前只称为"再"。《左传·文公十五年》"诸侯五年再相朝"，就是"五年相朝两次"的意思。《穀梁传·隐公九年》"八日之间再有大变"，也就是"八日之间有两次大变"的意思。中古以前，行为的称数法不用单位名词（如"次"字之类），这里是词汇和语法都不合。

2."不遇空回"的"回"，汉代以前只叫"反"。《论语》"吾自卫反鲁"，《孟子》"则必饜酒肉而后反"，都是"回"的意思。汉代以前的"回"只能有迂回、瀿洄、邪、违一类的意思。

3."滥叨名爵"的"叨"、"再容斋戒薰沐"的"再"、"特拜尊颜"的"特"，等等，也都是当时所没有的词汇。

依古文家的理论看来，这一封信的本身也不是最好的文章，因为它的格调不高。所谓格调不高者，也就是词汇、语法、风格、声律四方面都和两汉以前的文章不相符合的缘故。

咱们现在模仿清代以前的古文，恰像罗贯中模仿汉末或三国时代的古文一样的困难。虽然咱们距离清代比罗氏距离三国近些，但是，这几十年来，语文的变迁竟敌得过四五个世纪而有余。自从白话和欧化两种形式侵进了现代文章之后,咱们实在很难辨认它和海通以前的正派文章有多少不同之点。然而咱们必须先能辨认文言文的特质,然后才能进一步学习文言文。现在我们试按照上面所说的词汇、语法、风格、声律四方面,谈一谈文言文的特质和学习文言文的方法。

(一)**词汇** 词汇自然是越古越好。因此,每写一句文言之前,须得先做一番翻译的功夫。譬如要说"回",就写作"返"(或"反");要说"走",就写作"行";要说"离开",就写作"去";要说"住下",就写作"留";要说"甜",就写作"甘";要说"阔",就写作"广";要说"才"("你这个时候才来"),就写作"始";要说"再"("说了三次他不肯,我不想再说了"),就写作"复"。其间有些是可以过得去的,例如以"回"代"返"、以"甜"代"甘"、以"阔"代"广",虽然欠古,却还成文;有些是清代以前认为绝对不行的,例如以"走"代"行"、以"离"代"去"、以"住下"代"留"、以"才"代"始"、以"再"代"复",等等,简直是不文。

词汇虽然越古越好,却也要是历代沿用下来的字。有些字的古义未有定论,或虽大家承认上古时代有这个意义,而后世并没有沿用者,咱们还是不用的好,例如《诗·小雅·頍弁》篇"尔殽既时",毛传说:"时,善也。"后世并未沿用这个字义,咱们也就不能写出"其言甚时"或"其法不时"一类的话。

一般人对于文言的词汇有一种很大的误会:他们认为越和咱们的口语相反的字越古。其实有些字的寿命很长,可以历数千年而不衰;有些字的寿命很短,只有几百年或几十年存在于人们的口语里,例如"哭"字和"泣"字都是先秦就有了的;现代白话里有"哭"字没有"泣"字,咱们不能因此就认为后者比前者古雅。又如"里"字,很像是现代白话里专有的字,然而《诗·邶风》已有"绿衣黄里",《左传·僖公二十八年》又有"表里山河",前者是指衣裳的里子,后者已经引申为"内"的意义。至于像唐李邕《麓山寺碑》的"月窥窗里",简直和现代白话的"里"字是完全一样的意义了。相反的情况例如"憨"字,它虽然对于一般人是那样陌生,但它却是南北朝以后的俗语,用于诗词则可,用于散文则嫌不够古雅。又如"偌"字,当"如此"或"如彼"讲。"偌"字对于一般人,当然比"如此"或"如彼"要陌生得多;然而"偌多、偌大"并不比"如彼其多、如彼其大"更古雅。相反地,后者比前者古雅得多了,因为《孟子》说过:"管仲得君,如彼其专也;行乎国政,如彼其久也;功烈,如彼其卑也。"其中正作"如彼";而"偌"字非但不见于古书,而且不见于现代正派的文章。由此类推，写文言文的时候，与其说"尪"，不如说"弱"；与其说"慵"，不如说"懒"；与其说"夥"，不如说"多"；与其说"叵"，不如说"不可"；与其说"棘手"，不如说"难为"。案牍上的词汇，向来是被古文家轻视的，因此，"该生、该校、殊属非是、即行裁撤"之类，用于公文则可，用于仿古的文言文则适足以见文品之卑。所以咱们不能因它们违反白话就认为是最古雅的词句。

典故也往往是和现代口语违异的，但也不一定可称为最古雅的话。咱们试想：典故是根据古人的话造出来的，上古的人得书甚难，怎么能有许多典故？到了汉代的文人，才偶然以经书的典故入文；然而汉赋中也只着重在描写景物，不着重在堆砌典故。堆砌典故盛于南北朝，初唐还有这种风气。自从韩愈、柳宗元以后，古文家又回到两汉以前那种不以典故为尚的风气了。咱们现在学习文言，除了特意模仿骈体之外，最好是避免堆砌典故。因此，说"龙泉"不如说"宝剑"，说"锺期"不如说"知己"，说"弄璋"不如说"生子"，说"鼓盆"不如说"丧妻"。因为典故的流行远在常语之后，例如"生子"二字见于《诗·大雅·生民》篇（"不康禋祀，居然生子"），而"弄璋"用为"生子"的意义恐怕是最近代的事。至于"玉楼赴召、驾返瑶池"一类的滥套,连骈体文中也以不用为高,普通的文言更不必说了。

方言的歧异也往往被认为古今的不同。自从北平的方言被采用为国语之后,有些人对于自己的方言竟存着"自惭形秽"的心理,以国语为雅言,以自己的方言为俚语。其实,如果以古为雅的话,国语并不见得比各地的方言更雅。北平话和多数官话都叫"头"做"脑袋",叫"颈"做"脖子",显然地,"脑袋"和"脖子"是俚语,"头"和"颈"是雅言。这是大家都知道的。但是,像广东人称"大小"为"大细",似乎是俚语,官话和吴语以"细"为"粗"之反,似乎才是雅言。这种地方就容易令人迷惑了。实际上,"细"和"小"在古代一般地是"大"之反,所以《老子》说:"图难于其易,为大于其细。"《韩非子·说难》:"与之论大人,则以为间己矣;与之论细人,则以为卖重。"《汉书·匈奴传》:"朕与单于皆捐细故,俱蹈大道也。"在某一些情况之下,"细"比"小"还要妥些,例如粤语谓小的声音为"细声",古代对于声音的小正称为"细",不大看见叫作"小"。至于"细"当"粗细"讲,来源也很早,例如"细腰、细柳"之类,但是这种"细"字只是长而小的意思。现在官话和吴语谓不精致为"粗",精致为"细",却是古语所没有的。这一个例子可以说明,每一个方言里都有合于古语的词汇，咱们非但不必努力避免现代口语，而且不必避免方言。一切都应该以语言的历史为标准。

相传唐代诗人刘禹锡要做一首重阳诗，想用"糕"字，忽然想起五经中没有这个字，就此搁笔。宋子京作诗嘲笑他道："刘郎不敢题糕字，虚负诗中一世豪。"其实，古代文人像刘禹锡的很多。因为大家受了"不敢题糕"的约束，数千年来的文言文里的词汇才能保持着相当的统一性。假使每一个时代的每一个文人都毫无顾忌地运用当时口语和自己的方言，那么，写下来的文章必然地比现在咱们所能看见的难懂好几倍。但是，古人都并非因为希望后人易懂而甘心受那不敢题"糕"的约束，他们只是仰慕圣贤，于是以经史子集的词汇为雅言。"古"和"雅"，在历代的文人看来，是有连带关系的。咱们如果要学习文言，得先遵守这第一个规律。

（二）**语法** 古代的语法，比古代的词汇更不容易看得出来。现代书报中的"文言文"，较好的也往往只能套取古代的若干词汇，而完全忽略了古代的语法。关于后者，可以写得成一部很厚的书，我们并不想在这里作详细的讨论。只提出几点重要的来说：

第一，中国上古没有系词"是"字；而"为"字也不是纯粹的系词（例证见于拙著《中国文法中的系词》）。古代只说"孔子，鲁人"，或"孔子，鲁人也"；非但不说"孔子是鲁人"，而且通常也不说"孔子为鲁人"。这种规矩，在六朝以后渐被打破，到韩愈一班人提倡古文，大家却又遵守起来，例如苏轼《贾谊论》："惜乎！贾生王者之佐，而不能自用其才也。""贾生"和"王者之佐"的中间并没有"是"或"为"。

第二，中国上古没有使成式。所谓使成式，就是"做好、弄坏、打死、救活"之类。做好，古谓之"成"（《诗·大雅》"经始灵台，经之营之，庶民攻之，不日成之"）；弄坏，古谓之"毁"（《左传·襄公十七年》"饮马于重丘，毁其瓶"）；打死，古谓之"杀"（《孟子·梁惠王》"杀人以梃与刃，有以异乎？"）；救活，古谓之"活"（《庄子·外物》"君岂有升斗之水而活我哉？"）。由此类推，咱们写文言文的时候，要说"想起"，只能说"忆"或"念"；要说"赶走"，只能说"驱"；要说"躲开"，只能说"避"。有时候，形容词或不及物动词可以当使动词用，例如《论语·述而》："人洁己以进。""洁"等于"弄干净"；《论语·宪问》："夫子欲寡其过而未能也。""寡"等于"减少"；《左传·宣公十五年》："华元登子反之床，起之。""起"等于"叫起"或"拉起"；《史记·晋世家》：

"齐女乃与赵衰等谋醉重耳。""醉"等于"灌醉";《史记·卫青传》:"走白羊楼烦王。""走"等于"赶走"或"打退";《汉书·朱买臣传》:"买臣深怨,常欲死之。""死"等于"害死"。由此类推,咱们要说"推翻",只能说"倾覆";要说"攻破(城池)",只能说"隳"。使成式大约在唐代以前已经有了;唐诗里有"打起黄莺儿"的话。但是,后代只在诗词中有它,散文中非常罕见。俚语可以入诗词,却不可以入散文。使成式不过是其中之一例而已。

第三,中国上古没有处置式。所谓处置式,就是"将其歼灭、把他骂了一顿"之类。这种语法在唐诗里已有了,例如李群玉诗:"未把彩毫还郭璞。"方干诗:"应把清风遗子孙。"但是,它也像使成式一样,一般地只能入诗,不能入文。一般人以为"将"字比"把"字较古,其实即在唐诗里,"将"和"把"的用途也并不一样。"将"是"拿"的意思(国语里,"拿"和"把"也不一样,细看《红楼梦》便知),动词后面有直接目的语。例如刘禹锡的诗:"还将大笔注《春秋》。"王建诗:"惟将直气折王侯。"上面所引的"把彩毫还郭璞"可以倒过来说成"还彩毫于郭璞",而"将大笔注《春秋》"不可以倒过来说成"注大笔于《春秋》"。近人的"将"字用于处置式,可说是一种谬误的仿古,"将其歼灭"一类的句子是极"不文"的。

第四，中国古代的人称代词没有单复数的分别。《左传·成公二年》："鲁卫谏曰：'齐疾我矣，其死亡者，皆亲昵也。子若不计，雠我必甚。'"这里的"我"是鲁卫自称，并未称为"我等"。《论语·公冶长》："颜渊、季路侍，子曰：'盍各言尔志？'"这里的"尔"是指颜渊、季路，并未称为"汝等"。《孟子·滕文公》："梓匠轮舆，其志将以求食也。""其志"也未说成"彼等之志"。关于这一点，我们在《中国文法学初探》和《中国语文概论》里有更详细的讨论。

第五，中国古代有用"之"字把句子形式变为名词性仂语的办法，例如《左传·成公三年》："臣之不敢受死，为两君之在此堂也。"若改为"臣不敢受死，为两君在此堂也"，就完全不是古文的味儿，前者是用"之"字把连系式（句子）转成组合式（仂语），语气紧凑得多。这种语法一直沿用到后代的古文里，例如王安石《读〈孟尝君传〉》："鸡鸣狗盗之出其门，此士之所以不至也。"若改为"鸡鸣狗盗出于其门，故士不至也"，也就变得无力了。

古今语法的异点，决不止这五条，例如上文所说的，古人称数不用单位名词（"两次"只谓之"再"），就不在这五条之内。较详细的讨论见于拙著《中国语法理论》里。

（三）**风格** 所谓风格，用极浅的话来解释，就是文章的"派头"。同一的意思可以有两种以上的说法。你喜欢那样说,我喜欢这样说,这是个人的风格。古人喜欢那样说,今人喜欢这样说,这是时代的风格。西洋人喜欢那样说,中国人喜欢这样说,这是民族的风格。中国人的文章向来只有个人的风格和时代的风格。民族的风格在最近几十年才成为问题,因为文章欧化了,风格也就不是中国话的本来样子了。

中国人学习古文,有以学习个人的风格著名的,例如某人学韩愈,某人学柳宗元;有以学习时代的风格著名的,例如某人学六朝文("选体"),某人学唐宋文。我们并不愿意批评各种风格的优劣;我们只想要指出,所谓文言文必须具备古代文章的风格,而不能依照现代白话的风格。从前的人学习古文,虽也不知不觉地露出当时白话的风格,但是,因为着意学习古文的缘故,总不至于远离古人的绳墨。现在的情形却不同了,语体文在社会上的势力是那样的大,它又是那样的时髦,多数写文言文的人又都是"半路出家",并非"童而习之",自然容易把现代白话的风格用于文言文的上头。再加上欧化的风格,就把文言文原有的风格剥夺净尽了。

风格是很难捉摸的东西,然而向来所谓揣摹古文,却多半是希望得到它的风格。古人所谓气韵,依我们看来,也就是风格之一种。"气韵"虽难捉摸，而多数谈古文的人都觉得实在有这样的东西，例如说韩愈的文章是刚的美，柳宗元的文章是柔的美，多读韩柳文的人都会有这种感觉。这自然和修辞学有关。然而修辞学也不能和时代完全没有关系，例如有某种"气韵"是韩柳和唐代文人所同具，而现代一般的文章所没有的。

古人所谓谋篇、布局、炼句之类，大致也是属于风格方面的事。不过，咱们现在研究古文，不应该再拿批评的眼光去看古人的谋篇、布局、炼句，只应该拿历史的眼光去观察它们。咱们应该留心观察古人的谋篇、布局、炼句和现代文章有什么差异之点，哪一种篇法或句法是古所常有而今所罕见的，又哪一种是古所罕见而今所常有的。古所常有的篇法和句法，咱们在文言文里就用得着它；古所罕见的，咱们在文言文里就应该避免。

我们虽说风格是不易捉摸的，然而也不能不举出若干实例来，使读者得出一些具体的观念。在句子的形式上，咱们也大概地看得出古今风格的异同，例如关于假设的问题，上古的人喜欢用处所的观念来表示。《论语·子罕》："有美玉于斯，韫椟而藏诸？求善贾而沽诸？"《孟子·梁惠王》："今有璞玉于此，虽万镒，必使玉人雕琢之。"又《滕文公》："有楚大夫于此，欲其子之齐语也，则使齐人傅诸？使楚人傅诸？"可见"于斯、于此"乃是一种表示假设的话，而"假令、设如"一类的字样倒反没有。现代欧化的文言，在这种地方该是："假使子有一美玉……""假使王有一璞玉……""假设有一楚大夫，欲其子习齐语……"之类，意思是一样的，而风格却完全不同了。

　　文章的繁简也和文章的风格有关。今人以为应该简的地方，古人不一定以为应该简。反过来说，今人以为应该繁的地方，古人也不一定以为应该繁。韩愈《原道》里说："其所谓道，道其所道，非吾所谓道也；其所谓德，德其所德，非吾所谓德也。"若依现代的风格，可省为："其所谓道德，非吾所谓道德也。"柳宗元《封建论》里说："天地果无初乎？吾不得而知之也。生人果有初乎？吾不得而知之也。"若依现代的风格，也可以省为："天地与生人之有初与否，吾不得而知之也。"但是，古人以为这种地方若不拉长作为排句，则文气不畅。相反的情形却不是没有，《左传·僖公九年》："夷吾弱不好弄。"若依现代的风格，该说成："夷吾年幼之时不喜游戏。"《孟子·滕文公》："滕文公为世子，将之楚，过宋而见孟子。"若依现代的风格，该说成："滕文公为世子时，将之楚……"此外，古代文章里的主语尽量省略，现代欧化的文章几乎没有一句缺少主语的话,这又是语法和风格两方面都不同了。

风格和思想也有关系。现代的人经过了逻辑的训练,说话总希望有分寸,没有漏洞,譬如要提防人家找出少数的例外来批驳我的理论,我就先加上一句"就一般情形而论";又如要说明某一真理必须是有所待而然,我就添上句"在某一些条件之下"。中国古代的人并未这样运用思想,自然说话也用不着这种方式。但是,这也并不足以证明古人比今人糊涂。古文里有许多话,在明眼人看来自然暗藏着"就一般情形而论"或"在某一些条件之下"的意思,所以古人教咱们"不以辞害意"。不过,古人在这种地方是"意会"的,今人在这种地方是"言传"的。"意会"和"言传"也就是风格的不同。

明白了这些道理,咱们就知道把语体译为文言是非常困难的事。严格地说,除了词汇和语法之外,风格也应该翻译。因此,逐字逐句的翻译只能译成"变质的新文言";真正要译成一种有古文味的文言文,非把语体文的风格彻底改造不可。

(四)声律 这里所谓声律,大致是指声调和节奏。古人对于文章,讲究朗诵。梁任公先生常说:"念古文非摇头摆尾不可。"因为念到声韵铿锵之处,常常忍不住手舞足蹈的。古人所谓"掷地当作金石声",虽不完全指声律而言,然而文章之美者必包含着声律之美,这是古文家所公认的。骈体文讲究平仄和对仗,固然离不了声韵;就是普通的散文,也或多或少地含有声律在内。上古时代距离咱们太远了,上古文章的声律颇难捉摸。唐宋以后,散文受近体诗的影响,其中的声律显然可知,现在姑且举王安石的《读〈孟尝君传〉》为例:

世皆称孟尝君能得士,士以故归之。而卒赖其力,以脱于虎豹之秦。嗟乎!孟尝君特鸡鸣狗盗之雄耳,岂足以言得士?不然,擅齐之强,得一士焉,宜可以南面而制秦,尚取鸡鸣狗盗之力哉?鸡鸣狗盗之出其门,此士之所以不至也。

首先,咱们应该注意到节奏问题。节奏往往是和意义有关系的,例如"世皆称"为一顿,"孟尝君"为一顿,"能得士"为一顿。但是,有时候由于一个字难于成节,就连下文为一节,例如"士以故"可为一顿,"特鸡鸣"可为一顿,这是意义和节奏不尽一致的地方。煞句的语气词虽只一字,也能自成一节,例如这里的"耳、哉"和"也"都应该把声音拉得很长,并且不妨和上面的"雄、力、至"距离得相当的远。这样,才显得文气是畅的。写文言文的人，做好了文章，先自朗读几遍，然后有些地方再添上一个"之"字，有些地方再添上一个语气词，无非为了节奏谐和的缘故。句读的长短也是有斟酌的，例如"以脱于虎豹之秦"，若改为"以免于难"，就太短了，支持不住上面的一段话。句读的长短，要看全篇的气势而定，譬如全篇用长句，突然用四字的句子一收，就嫌短。若篇中以四言为主，则长句结束反不相宜。这些全凭体会出来，不能十分拘泥的。

其次，咱们应该注意到声调的问题。散文的声调只有平仄的关系。普通最好是每一个节奏的平仄能够替换，换句话说就是，上一节用仄，则下一节用平；上一节用平，则下一节用仄，例如"鸡鸣狗盗之出其门"，"鸡鸣"是平平，"狗盗"是仄仄，"之出"是平仄，"其门"是平平。这里的声调共有两个对偶，"鸡鸣"是平起，"狗盗"是仄收；下一对如果仍用平起就没有变化了，所以"之出"是仄起，"其门"是平收。煞句的字的平仄也最好是能有变化，例如第一句（指古人所谓"句"）用"士"字收仄声，第二句用"之"字收平声；第三句用"力"字收仄声；第四句用"秦"字收平声。第五句"嗟乎"是感叹语，不算。第六句"雄"字平声应该拉长，和第七句"士"字仄声相应。第七、八、九、十，四句都用平声收，是让文气一直紧下去，到了"力"字仄声应该拉长，和那些平声相应，然后用"哉"字煞句。第十一句的"门"字平声，也是和第十二句的"至"字仄声相应的。

在这里我们要声明一句：我们所讲的这一篇古文的声律未必都是当时作者着意安排的。但是，当时韵文的声律深入人心，能使散文的作者不知不觉地受了它的影响。意义和声律比起来，自然当以意义为重；咱们不能牺牲了意义来迁就声律。近体诗中还有所谓拗句（平仄不依常格者），咱们在散文里更不应该做声律的奴隶，例如《读〈孟尝君传〉》里，"卒赖其力"的"赖"、"岂足以言"的"以"、"南面而制秦"的"制"、"所以不至"的"以"，如果都改为平声字，朗诵起来就更顺口些，然而王安石并没有这样做，因为没有相当的平声字去替代它们。不恰当的替代倒反把文章的意义弄歪了，或把句子弄得太生硬了。

由此看来，声律在文言文中的地位，并没有词汇、语法和风格那样重要。有些人喜欢"古拙"的文章，倒反把拘泥于声律的作品认为格调卑下。所以讲究平仄的事必须和某一些较近代的风格相配合，不然，反而成为一种文病了。

我们虽然希望中学生不用文言文写作，但是，既然中学国文教科书里选录文言文，那么，就让他们知道文言文有这许多讲究，自然不敢轻易尝试。据我们评阅大学新生国文试卷的经验，语体文还是好的，文言文则几乎没有一篇可以够得"通顺"二字。因此，我们奉劝一般青年，除非万不得已，否则还是不写文言文的好。

即使是有心学习文言的人，也不应该仅仅以分析古文的词汇、语法、风格、声律为能事。必须多读古文，最好是能熟读几十篇佳作，涵咏其中。这样做去，即使不会分析古文的词汇、语法等，下笔自然皆中绳墨。语言学家调查某地的方言，极尽分析的能事；但是，假使一个七岁的小孩，让他在那个地方住上半年，他所说当地的方言，无论语音、语法、词汇各方面，其纯熟正确的程度一定远胜于语言学家。同理，学习文言的最好的方法就是凭着天真与古人游，等到古人的话在你的脑子里能像你自己的方言一般地不召自至的时候，自然水到渠成。大匠诲人以规矩，不能使人巧；我们以上这许多话，即使没有错误，也不过是一些"规矩"而已。

原载《国文月刊》13期，1942年

谈谈学习古代汉语

一、什么是古代汉语

什么是古代汉语呢？就是古代的汉语。中国古代的语言，是一个比较广泛的概念。古代语言应该是分时代的。因为从两千多年前到现在，经过一个一个时期的发展，有时代性，从《尚书》《诗经》到《水浒传》《红楼梦》，都是古代汉语。这么看，范围就很大了。我们高等学校开的古代汉语课，要照顾那么大的面，就不好教了。所以，我们教的古代汉语没有那么大的范围，只是教的所谓文言文，又叫做古文，当然也有些古诗。为什么要这样呢？这有一个道理。因为，尽管口语在历史上有很大发展，可是人们写下的文章还是仿古的文章。由于古时候知识分子写文章需要模仿古文，所以即使在唐宋以后，还是模仿先秦两汉的文章。从这个角度看，我们讲的古代汉语范围就窄得多了。古代汉语课学习和研究的对象是一个以先秦口语为基础而形成的上古汉语书面语言,以及后代作家仿古的作品中的语言。这就是我们讲的古代汉语。

二、学习古代汉语的必要性

我们要继承丰富的文化遗产,就要读古书;读古书就要具有阅读古书的能力,所以我们必须学习古代汉语。比如研究古代文学,当然要学习古代汉语。比如我们要研究文学史,有古代的诗歌、古代的散文……没有阅读古书的能力,我们便无从研究。这是很容易懂的道理。我们研究自然科学,要不要懂古代汉语呢?也要。我们不能忘记我们的祖先在这方面是有很大的成就的。比如说天文学、数学这一些学科,我们的祖先很早就取得过在世界上领先的地位,可以说在两千多年前就有很大的成就。就天文学说,从东汉的张衡起,一直到南北朝的祖冲之、唐朝的僧一行、元朝的郭守敬,他们在天文学上的成就,比起西方来,要早得多,成就辉煌得多。这些我们应当知道,我们的天文学不是外来的。又比如说我们要研究医学,中国古代的医书,当然是用古代汉语写的了,我们不懂古代汉语,就看不懂。举个简单的例子,中医的把脉,有四大类,有浮、沉、迟、数。"浮、沉"好懂,"数"(shuò 朔)不好懂。这里"迟"是慢的意思。我们如果懂得古代汉语,知道"数"在这里是快的意思,就很好懂了。

我们如果搞研究,不管文科、理科,要深入研究,就要读古书,就非懂古代汉语不可。从前我听说有个中学语文教师教杜甫的《春望》诗:"烽火连三月,家书抵万金。"这个老师怎么解释呢?他说:"打仗打了三个月了,杜甫家里很穷了,没有办法,把家里的书卖掉了,家里的书抵得一万块钱。"你看这个中学教师讲的可笑不可笑?

不要笑中学老师,大学教授也有闹笑话的。"四人帮"统治时,南方有个教授,红得发紫,又是"哲学家",又是"历史学家",又是什么"批孔",又是什么"评法批儒"。他引《韩非子·显学》:"故明据先王,必定尧舜者,非愚则诬也。"大意是说,尧舜之道是没有的事情;儒家一定要说有,就"非愚则诬"——不是愚昧无知,就是说谎话骗人。"愚"是愚蠢;"诬"是说谎。你如果不知道尧舜之道是没有的事,那你就是愚蠢;你如果知道尧舜之道是没有的事,还硬说有,就是说谎、骗人。这个教授怎么解释呢?他说"非愚则诬"就是"不是愚蠢就是诬蔑"(众笑)。他不懂得先秦时代的"诬"没有诬蔑的意思,只当"说谎"讲,所以这一个大教授出了大笑话。后来他看到人家引文讲是"说谎",他也就不再讲"诬蔑"了。

有些地方，看起来容易，往往也会弄错，例如曹操《龟虽寿》："老骥伏枥，志在千里；烈士暮年，壮心不已。"看来很好懂，很多人引用，其实不太好懂。"烈士"不是今天讲的"烈士"——为革命事业而牺牲的人。"烈士"在古时有两种意义：一个是重义轻生的人，合乎正义的事就做，生命在所不顾；另一个意义是有志要做一番大事业的人，曹操这首诗的"烈士"就是这后一种意思。"壮心"似乎好懂：雄壮的心嘛！但是我们知道，先秦两汉的"壮"，只是壮年的意思，跟年龄有关，"三十曰壮"，三十岁叫做壮，壮年是最能做大事的时候。曹操的意思是：我是胸怀大志的人，虽然老了，到了晚年，我壮年的心还在，我是人老心不老啊！我还要做一番大事业呢！很多人就不懂这个意思。又，"枥"字很深，现代很少用。查《辞源》《辞海》都说是："养马之所。"新《辞海》解作"马厩"。《辞源》修订稿"伏枥"："马被关闭在马房里头。"又查《新华字典》，说"枥"是"马槽"。一说是马厩，一说是马槽，到底哪个对呢？不能两个都对。我们想想，"伏"当是靠、趴的意思，是"埋头伏案"的"伏"。"伏枥"，伏在马槽上吃草，还一面想到跑路，想到当千里马，比喻想做一番大事业。"枥"解释为马槽，是很顺畅的。"枥"若解作为马房（马厩），马怎么伏在房子上呢？不好解了。韩愈有一篇文章(《杂说》四),正是讲的千里马,他说:"世有伯乐,然后有千里马。千里马常有,而伯乐不常有。故虽有名马,只辱于奴隶人之手,骈死于槽枥之间,不以千里称也。"这里讲得很明显,"槽、枥"是同义词连用。《说文解字》说:"槽,畜兽之食器。"段玉裁注:"马枥曰槽。《方言》:'枥:梁、宋、齐、楚、北燕之间谓之橾(suō 缩,《玉篇》:"养马器。"),皁。'皁与槽音义同也。"这就铁证如山了,槽就是枥,枥就是槽。因此,《新华字典》解释是对的,而《辞源》《辞海》是错的(新《辞源》已改正了)。所以,字典、词典讲的也不一定都是对的。前些时候,有一些老科学家想为四个现代化做一番贡献,有人说:我们今天不是"伏枥"了,要"出枥"了。这个雄心壮志很好。但是按古代汉语讲,这话就不通了:怎么"出枥"呢?从马槽怎么出来呢?所以我们说,研究古代汉语是很必要的。毛主席指示我们说:"语言这东西,不是随便可以学好的,非下苦功不可。"希望大家好好下点功夫,把古代汉语学好。

三、从三方面学习,以词汇为主

语言有三个要素:语音、语法、词汇。古代的语音、语法、词汇,三方面都要学。

语音方面。我们知道古音与今天不一样,如不研究古音,许多古诗就会感觉不押韵。比如《诗经》,以今天语音看,很多地方不押韵;按古音来念,就押韵了。再说唐宋的诗词,它也是用古音写的,所以有些地方我们念起来好像不押韵;本来是押韵的,变到后代就不押韵了。还有,诗词讲究平仄。毛主席说,不讲平仄,就不是律诗了。我们如不讲究古音,就很不容易欣赏古代诗词,有时还会弄错。最近有朋友写一部《李商隐诗选注》,把原诗都抄错了。为什么抄错了呢?因为他不懂平仄。李商隐《无题》诗中有两句:"蓬山此去无多路,青鸟殷勤为探看。"他抄成了"此去蓬山无多路"。为什么抄错呢?因为不懂得格律要求,这一句应是"平平仄仄平平仄"。按照他抄的,就不合平仄了。而李商隐写律诗,是不会不合平仄的。

还有语法要学。古代汉语的语法,与今天大同小异,很多相同,也有不同的地方,如李商隐诗《韩碑》:"碑高三丈字如斗,负以灵鳌蟠以螭。"头一句好懂,碑高字大嘛。下一句,"负以灵鳌",也好懂,海中大龟叫鳌,就是说乌龟背着石碑。"蟠以螭",有个同志解释错了,他说"蟠"是蟠龙,"螭"也是龙。这就讲错了。为什么错了呢?从语法讲,"负以灵鳌"就是"以灵鳌负之";那么"蟠以螭"应是"以螭蟠之"才对。"螭"是龙,"蟠"是盘绕的意思，指以龙盘绕石碑，这才对。所以，从这个例子看，我们要懂古代语法。

再就是词汇了。一个字、一个词是什么意思，我们要懂。有一种情况要提醒大家：大家以为难懂的是那些难字、那些不认识的字。我说不对。那些字，一查字典、词典，就懂了，一点也不困难。我举个例子，有个"靝"字，一般人不认识，查一般字典也没有。但是从《康熙字典》"备考"中查出，"靝"就是"天"字，青气为天嘛（"气"就是气，亦写作"氕"）。一查出来，一点也不困难了。常常使我们上当的是有些常见的字，把它解释错了。前两年北大中文系编字典，很多错误都出在常用字上。常用的字容易出错，那是因为错了还不知道。这一点要谨慎呢。举个例子，有个"羹"字，我们编字典时就误解为"汤"。羹不是汤，直到今天北方称羹、汤还是不一样的。《红楼梦》中的"莲子羹"，那里面是有莲子的，不单是汤。说到先秦两汉，"羹"更不是汤了。"羹"是带汁的肉，其实就是一种红烧肉。古人做红烧肉要配很多作料，可以说是五味羹，酸甜苦辣咸都有。《尚书·说命》："若作和羹，尔惟盐梅。"作羹要用梅，梅子味酸，盐有咸味。"羹"是上古时代常吃的一种红烧肉。《孟子》说的"一箪食，一豆羹"，"食"是饭；"箪"是筐，盛饭的；"豆"是盛菜的，主要是盛肉菜,今天在博物馆里可以看到这种器皿。很明显,"羹"是红烧肉。在楚汉之争时,楚霸王项羽与汉高祖刘邦打仗,他抓到了刘太公(汉高祖父亲),架好了大火锅,给刘邦看,威胁刘邦,要刘邦投降,若不投降,就烹了刘太公。刘邦回答说:没关系,我的爸爸就是你爸爸,你一定要烹你爸爸,如煮熟了,请分给我一杯羹吧。(《史记·项羽本纪》:"吾翁即若翁,必欲烹而翁,则幸分我一杯羹。")从前我还以为是分一杯汤呢。汉高祖这么客气呵?没有这么客气,是说煮熟了,分我一碗肉,不是汤。穷人的羹,叫做"菜羹",也不是汤,是煮熟了的青菜。这种字,看看好像认识,其实不认识。又比方说,"再"字,好像很浅,可是古代的"再"不像现代,是两次的意思;三次以上就不能叫"再"了,它表示一个数量,就是两次。《左传·曹刿论战》中的"一鼓作气,再而衰,三而竭","一"是一次,"再"是两次,"三"是三次。《周易·系辞》"五年再闰",讲的是历法,五年闰两次。《史记·孙子吴起列传》说齐将田忌与诸公子赛马,孙膑给他出了个主意:用你的下等马对他的上等马,用上等马对中等马,用中等马对下等马。结果赢了,得了王的千金重赏,所以叫做"一不胜而再胜",输了一次,赢了两次。如果解释为今天的意思就不对了。所以,看起来很普通的字,今天也要研究。

从三方面学习，为什么要以词汇为主呢？语音不是太重要的。因为除诗词歌赋外，古书上并没有语音问题。至于语法，刚才讲了，古今相差不大，容易解决。问题在词汇，这必须花很大的力气。我们编《古代汉语》时，有一位同志讲得好：古代汉语的问题，主要是词汇的问题。所以，我们学习和研究的重点要放在词汇上。

四、建立历史观点

今天重点讲这个问题。因为我们许多人研究古代汉语时，很不注意这一点。语言是发展的，每个时代都有发展。现代汉语是从古代发展起来的，所以现代汉语和古代汉语有共同点。但是语言是发展的，所以现代与古代比较，也有不同。一个字，后代是这个意思，古代可能不是这个意思。当然，古今字义有关系，相近，有联系，但不相同；相近也有小变化，而这小变化比大变化更容易被人忽略。研究古代汉语，大变化要研究，但重点不在于研究大的变化，而在于小的变化。因此，历史观点很重要。什么时代说什么话。时代不同，说话就不同了。《三国演义》中有些例子就很典型。刘备三顾茅庐，两次未见到诸葛亮，刘备留下了一封信，写得很客气。研究古代汉语就知道，那封信是后人假造的,汉朝人不会那么写,刘备是不会那样写信的,只有到了明朝人们才那么写。《三国演义》的造假是可以看得出来的。后来刘备第三次去时,孔明睡觉未醒。醒来时,口吟一首五绝:"大梦谁先觉?平生我自知。草堂春睡足,窗外日迟迟。"我说这首诗更容易看出来是假的。诸葛亮时代不会写这种五绝。从语音上讲,"知、迟"汉代不可能同韵,不押韵;大约唐以后,"知、迟"才会押韵。再从语法方面看,律诗绝句,讲究平仄的诗,唐以后才有。诸葛亮是东汉时人,他怎么会写这种诗呢?从词汇上看,"睡"字,先秦两汉时不是睡觉的意思,是打瞌睡、打盹儿的意思;在床上睡觉,那时叫"寝"。因此,从"春睡足"三字就可知这首诗是假的。《史记》中商鞅见秦孝公,讲王道,孝公不爱听,书上说"时时睡,弗听"。"睡"就是打瞌睡。因为,商鞅是新来的外宾,对外宾,孝公不可能那么没有礼貌,躺在床上睡了,所以,"睡"不是睡觉,是打盹儿。由此可见,古今不同,语言不同,明朝人伪造汉代的诗,露出了马脚,我们可以看得出来。

下面举出一些有关身体的例子来说明语言是发展的。

身:古代有三种意思:①身体。②除了头的其他部分,如《楚辞·九歌·国殇》:"首身离兮心不惩。""惩"是后悔。这句说：战士们头和身体分离了，但为国牺牲并不后悔。这个"身"就是除了头的其余部分。③除了头和大腿以下，即指躯干部分。第三种意义是身子的原始意义，最初的意义。《说文解字》身字作𠂤，"躬也，象人之身"。实际上画的一个大肚子，指的是躯干。《论语·乡党》："必有寝衣，长一身有半。"以前很多人看不懂，以为孔丘的寝衣有一个人的身长再加半个身长，清朝王念孙考证出来了，身是躯干的意思。那么，孔夫子睡觉，寝衣不盖头和腿脚，只盖到膝上，那就正好是"长一身有半"了。

体：和"身"不是一回事。"体"原义是身体的各个部分。《说文》："体，总十二属之名也。"十二属指的是顶、面、颐；肩、脊、臀；肱、臂、手；股、胫、足。但主要是四个体：两只手，两只脚，即四肢。《论语·微子》："丈人曰：'四体不勤，五谷不分，孰为夫子？'""勤"是劳苦的意思（不是勤快）。这个老头说，四肢不劳动，五谷不能分辨，谁晓得你的老师是谁？又如楚霸王别姬，在乌江自杀，汉高祖以千金、万户侯悬赏，当时汉将五个人争功，王翳取得头；其余将领争夺，后来四个将领"各得其一体"。这个"体"也是指四肢。

颜色：古代"颜"指额，"色"指脸色。连起来，"颜色"是面孔、脸色。不是今天讲的颜料的颜色。《史记》

说刘邦"龙颜",是说他额角像龙一样(见《高祖本纪》)。《楚辞·渔父》:"屈原既放,游于江潭,行吟泽畔,颜色憔悴,形容枯槁。""颜色憔悴"也是讲面孔,脸色憔悴。凡是古书上讲的"颜色"都不是今天的颜料的"颜色"。一直到文天祥《正气歌》:"风檐展书读,古道照颜色。"是说他虽坐在监牢中,宁死不降,在风檐下展开书来读,古道教给了他正气,在他面孔上表现出了不可屈辱的正气。

眼:今天的眼,古人叫"目"。古时目、眼是不一样的。古时讲的"眼",比"目"的范围小,"眼"是指的眼珠子。《史记·刺客列传》讲韩国刺客聂政刺杀韩国宰相侠累后,怕人认出自己,被迫自杀时,"自皮面,抉眼",用刀划破脸,挖出眼珠子。这个"眼"就是眼珠子,眼眶不包括在内。又《史记·伍子胥传》:伍子胥是吴国宰相。越王勾践投降吴,吴王放了他。勾践返越,卧薪尝胆,图谋报仇。伍子胥屡次劝谏吴王,讲了很多话,吴王非但不听,还赐剑让他自杀。伍子胥说,我死可以,吴国眼看要被越国灭亡了,临死时告诉他的舍人,"抉吾眼县(同'悬')吴东门之上,以观越寇之入灭吴也"。这里的"眼"也是眼珠子,不是"目"。

脸:和"面"不同。现代所谓"脸",古人只叫"面"。而古人所谓"脸"(jiǎn 俭),指"目下颊上"(《辞源》),

这比较对。但如仔细研究，又不完全对。南北朝以后才见这个字，是指妇女擦胭脂的地方。古代诗歌的"红脸"，是脸被胭脂擦红了，不是关公的"红脸"。白居易有一首诗咏王昭君，头两句说："满面胡沙满鬓风，眉销残黛脸销红。"前面讲"面"，后面讲"脸"，可见"脸、面"不是一回事。北方风沙大，出塞后满面的沙，满鬓是风，她忧愁不高兴，很悲哀，不画眉，也不打扮，不擦胭脂，红也没有了。所以说"脸"是妇女擦胭脂的地方。最近我看了一本注释《红楼梦》的书稿，注得很好。但是里边有个地方注错了。《红楼梦》五十回李纹写的《赋得红梅花》："冻脸有痕皆是血，酸心无恨亦成灰。"那注解说："梅花冬天开花，所以脸上冻得有了痕迹。"这就不对了。"痕"应当是"脸"上擦的胭脂的"痕"，所以说"有痕皆是血"。

脚：古代的"脚"字，原义不是今天的脚，今天的脚，古时叫"足"。古人说"脚"是指小腿。《说文》："脚，胫也。""孙子膑脚，《兵法》修列"（司马迁《报任安书》）。古代刑法，去掉膝盖骨，使小腿不起作用，叫膑脚。与刖刑不同，刖是把脚丫子砍掉，被刑的人，勉强还可以走路，而膑刑后就不能走路，刑更重些。

趾：今天指脚指头，但古书上不是这样。古书上的

"趾",就是"足",即脚。《诗经·豳风·七月》:"四之日举趾。"举趾,是把脚举起来,表示动身下地,开始耕种了。脚指头,古人写同手指头的"指"。汉高祖打仗时,被敌人射中,《史记·高祖本纪》:"汉王伤胸,乃扪足曰:'虏中吾指!'"他怕损伤士气,不说射伤胸部,反而用手摸脚,说敌人射中我脚指头。这个"指"是脚指头。古书上所有的"趾"都是脚,不是脚指。《辞源》:"趾,足指曰趾。"举《诗经·豳风·七月》为例,那是错误的。《辞海》也讲错了,说是"足指",举例为"足趾遍天下",这是错的。在"足趾遍天下"一语中,"足、趾"是同义词,"足"是"趾","趾"也是"足"。只有这样解释才讲得通。

词义发展有三个典型,可以讲是三个方向:一是扩大,一是缩小,一是转移。扩大,就是把意义范围扩大了,例如以上讲的"身、眼、脸",就是词义发展而扩大了。缩小的,举个例子,《诗经·小雅·斯干》:"乃生女子,载弄之瓦。"旧注:"瓦,纺砖也。"纺砖也叫瓦。古代瓦是土器已烧之总名(见《说文》),范围很大。今天缩小到只有盖屋顶那个叫"瓦"了。词义发展中,缩小的情况较少。转移,就是词义搬了家了,搬到附近的地方去了,比如"脚",就是转移,从小腿转到"足"那里去了。

词义有发展变化,我们就要注意了,不同的时代,有不同的意义，如"眼"字，它的意义就要看时代，才能断定它是眼珠子或是眼睛。唐元稹《遣悲怀》诗中有两句说："唯将终夜常开眼，报答平生未展眉。""终夜"是通宵。"眼"是眼睛，不是先秦的眼珠子的意义了。"常开眼"是说晚上睡不着，常常睁开眼睛。眼珠是不能开的，如果在这里解释为眼珠，那就错了。所以说，要有历史观点。又如"睡"字，本义是打瞌睡，但到了唐以后，就变为睡觉的意思了。比如杜甫诗中的"众雏烂漫睡"，"雏"喻指小孩子。这句是说，小孩子们一天到晚走累了，睡得很香甜。如果再把"睡"解释为打瞌睡，那又错了。什么时代有什么语言，语言是发展的，所以要注意时代性。今天我着重讲这个，因为过去人们常常忽略这一点。

五、要反对望文生义

望文生义是什么意思呢？就是一句话，这么解释了，讲通了，好像这个字有这个意思，但实际上这个字并没有这个意思。因为字典中没有这个意思，而且在别的地方、别的古书中也没有这个意思，唯独这个地方似乎可以这样解释，就认为这个字有这个意义。这叫做望文生义，就是胡猜。古时有人也犯这个毛病，但不严重。最近各个地方编字典、词典，他们尊重我，把稿子送给我看。我看了一些,发现编字典、词典的人有一个通病,就是望文生义。差不多我看过的每一部字典、词典都有这个毛病,例如某个省有些中学语文教师解释毛主席《念奴娇·鸟儿问答》中"背负青天朝下看,都是人间城郭"。这本来很好懂,是说鲲鹏飞到九万里的高空,在蓝天下飞翔,从上看下面,尽是人间的城墙。城指内城的墙,郭指外城的墙,那些中学教师都把"城郭"解释为战争,甚至有人说是"人民革命和民族解放战争此起彼伏,连绵不绝,互相呼应"。大概因为下文有"炮火连天、弹痕遍地",所以误以为"城郭"是指战争了。这种情况叫做望文生义。为什么呢?因为别的书、别的文章都没有把"城郭"解释为战争的。

望文生义,是忽略了语言的社会性。语言有社会性,是社会的产物;只有全社会的人都懂得的言语,才是语言。如果只有那么一个作家,一个人用了这个字有这个意思,别人怎么懂?因为社会上都不那么用,唯独他一个人这么用了。这就是没注意语言的社会性,就是说你独自去"创造"语言了。语言是社会创造的,不是哪一个人创造的。现在有的人往往去"创造"一个意义,那不是创造语言,那叫望文生义。我们知道,语言是很早的时候创造的,又经过了很长时间的发展,现在已经不是个人"创造语言"的时候了,不能望文生义。而有人往往望文生义,总觉得这样讲才通，就是原来没有这个意义，他也硬添上一个意义。那么，从前的字典、词典中没有的义项能不能添呢？这就要看情况了。从前有些遗漏的，有些注意古代、没有注意近代的，像这些，可以补，例如"穿衣"的"穿"，过去就没有"穿衣"的义项，就应当补上（例如《辞源》《辞海》中的"穿"就没有"穿衣"这个义项）。但是不能轻易地给它添一个意义，要谨慎。举一个例子，有本词典，注解"信"字，有个义项，注为"旧社会的媒人"，所举的例子是《孔雀东南飞》："自可断来信，徐徐更谓之。"这里的"信"是可以解释为媒人的。但仅凭这一处立为一个义项，我认为是不可以这样的。因为，在这儿可以这么讲，在别的地方、别的书中没有这么解释的，可见是望文生义的了。"信"可解作媒人，为什么别的书都不这么用，唯独《孔雀东南飞》中这么用呢？闻一多先生解释说：断，绝；信，作"使"解，"来信"指县令派来做媒的使者。余冠英先生《汉魏六朝诗选》注："信，使者，这里指媒人。"这样注解就很好了。"信"是使者，是县官派来的，实际上是媒人。这样解释就很好了。我们编《古代汉语》时就常常采用这个办法：先讲本来的意义是什么，再讲这儿指什么，这就没有毛病了。现在有这么一种望文生义的情况，要提醒大家注意；尤其是从事这方面工作的同志更应该注意。

六、学习古代汉语的方法

从前古代汉语教学有两个偏向，都是不妥当的：头一个就是教同学们专念一些古文，解释一遍，叫大家熟读了，就行了。这是一个老框框，大概我们几千年来都是这么一个老框框。那样做，也行，但是效果比较慢。另一个偏向是只教古代汉语语法。其实，古代汉语学习内容有语音、语法、词汇，其中重点是词汇。你只给他讲语法，那怎么行？所以这个方法更不好。

我们提倡的方法是感性认识与理性认识相结合的方法。感性认识是多念古文，越多越好，逐渐逐渐地提高到理性上去理解。这样，文选、词汇、语法都讲，效果快一些。学古代汉语，记一些常用词是必要的，学外语都要记一些常用词嘛！如刚才举例讲的那些词，一个一个字地记住，好像是麻烦，但还是要记，这样可以学习快些，学得好一些。

感性和理性都要，但主要还是感性认识。从前古人念了很多古文，便逐渐理解掌握了。这个方法还是好的。因为只有具有了很多感性认识，才能提高理性认识的高度。古人讲："熟读唐诗三百首，不会作诗也会吟。"就是说，多学多会。这个道理是对的。学习古代汉语，有什么"秘诀"没有？常常有人要求我们给一把"钥匙"。规律是有的，上面所讲的历史观点就是规律。但规律是很复杂的，没有一把"钥匙"那么简单。就是要多下苦功，多读，多记，坚持感性和理性结合，这样才能解决问题。至于读什么，今天不讲了。

最后讲一点，我们教大家学古代汉语，并不是主张你们写文言文。明年是五四运动六十周年了。五四运动有一个很重要的内容就是白话文运动，反对写文言文。这一条我认为应该坚持下去。我们学古文，学古代汉语，是为了读懂古书，为了提高阅读古书的能力，并不是为了学写古文。现在不知为什么有那么一个风气——写文言文，这很不好。有些读者给我写信，认为我是主编《古代汉语》的，写文言信给我，我很不高兴。有个考研究生的同学给我写了一封文言的信，文言写得还不错，但是我回他的信说，我反对你写文言文，如果你考卷中出现了文言文，我就不取你。学古文和写文言文，这是两回事，不可混为一谈。

原载《新华月报》（文摘版）1979年第6期

怎样学习古代汉语

今天我来讲怎样学习古代汉语,这个问题分以下五方面来谈:历史观点的树立;感性认识与理性认识相结合;词汇学习的重要性;语法的学习;学习的具体措施。

一、历史观点的树立

我们都知道语言是发展的,它随着历史的变迁而变化,但同时它也不可能变化得很大,因为它一方面有发展,一方面还有它的稳固性。因为有继承,所以几千年前的汉语和现代汉语有许多共同处,这是继承的一方面,但它也有发展的一方面,这就是古代汉语和现代汉语有所不同。因此,我们学习汉语首先须树立历史观点,知道它有相同,有不同,有继承,有发展,这对我们学习汉语是有很大好处的。

现在就词汇面来谈，词汇方面也是有继承有发展的。那么我们对语言的发展要注意什么问题呢？如果是很大的不同，容易发现，也容易知道它不同。古代没有的东西，现在有的，语言的表现就不同。如现代的飞机、拖拉机以及各种科学和工具，都是古代所没有的，当然它就不同；还有些东西是古代有现在没有的，因为古代有许多风俗习惯和工具，都是现在所没有的，所以不可能在现代汉语中找出从前古老的词汇来，这种大不相同的地方，大家都容易注意到。但是，有些并不是大不相同，而是大同小异，古代的和现代的看起来好像是一样的，可是真正仔细考察起来，却并不一样。为什么呢？因为现代汉语是从古代汉语发展来的，两者不可能有很大不同。刚才说的很大的不同，只是小部分不同，大部分都是大同小异的。因为从古代来是有继承的一面，但由于时代的不同，它也有发展的一面，所以我们学习古代汉语，特别要注意又同又不同、大同小异的地方。

现在举例来说："睡"字不但现代有，古代也有，古书上的"睡"字似乎也好懂，也没有问题。可是仔细一看，却并不完全一样。"睡"字在汉代以前，是坐着打瞌睡的意思，和躺在床上睡觉的意思不同。《战国策·秦策》中说苏秦"读书欲睡，引锥自刺其股，血流至足"。他这句话的意思是说：苏秦一面读书，一面想打瞌睡，于是他用锥子刺他的大腿，他就醒了。这个"睡"就是打瞌睡的意思。因为读书是坐着的，他并不想睡觉，而只是因为感到困乏想打瞌睡，所以用锥子刺他的大腿。如果说他读书时想睡觉，那岂不说他太不用功了。又如《史记·商君列传》："卫鞅语事良久，孝公时时睡，弗听。"这句话是说卫鞅和秦孝公谈话，秦孝公不爱听他的，所以说孝公时时打瞌睡。这个"睡"字如解作睡觉就不对了，因为他们尽管是君臣关系，秦孝公也决不会如此不礼貌，竟躺在床上睡起觉来了。所以，每一个词的意义都有它的时代性，它随着时代的变化而改变，这一点很重要，因为换了时代后，我们就不能以老的意义去看它了，例如唐朝杜甫的《彭衙行》中有一句话："众雏烂漫睡，唤起沾盘餐。"是说小孩们随着大人逃难，到了一个地方后，孩子们困极了，倒在床上睡得很香。如以汉朝以前的意思来讲，说孩子们打瞌睡，那就不通了，因为要说小孩们打瞌睡，就不能睡得那么香。

　　池塘的"塘"字在唐朝以前的一般意思也和现代的很不一样。原来的"塘"字，是指在河旁边防水的堤而言。唐崔颢《长干行》中有"君家何处住，妾住在横塘"之句，句中的"横塘"是地名，一定是在堤的旁边，她绝不会住在池塘里。又如谢灵运的《登池上楼》中有"池塘生春草，园柳变鸣禽"之句，这里的"塘"就是堤的意思。说春草生在堤上是可以的，决不能说它生在池塘里。总之，"塘"字在唐朝时的意义和现在的意思不一样。

又如，"恨"字在汉朝以前，一般的不讲作仇恨的意思，只当遗憾的意思讲。在古代，"恨"和"憾"是同义词。诸葛亮在《出师表》中说："先帝在时，每与臣论此事，未尝不叹息痛恨于桓灵也。"这句话是说，刘备在世时，常谈到汉桓帝、灵帝时宠信宦官的事，感到悲痛与遗憾。这里的"痛恨"，不能用现在的"痛恨"来解释，因为桓帝、灵帝都是汉朝的皇帝，诸葛亮怎能痛恨皇帝、骂皇帝呢。

书信的"信"字，在汉朝以前，写信不说写信，说"作书"或"修书"。当时信就叫"书"，带信的人才叫"信"，如带信的使臣叫"信使"，所以在古代，"信"和"书"的意义不同。《世说新语·雅量》中"谢公与人围棋，俄而谢玄淮上信至，看书竟，默然无言"，是说谢安正与人下围棋时，他的侄子谢玄从淮上派人来了，谢安看信后默默无言。这里面有书有信，"信至"的"信"和"看书"的"书"的意思不一样。

"仅"字在唐朝时和现在的意义不但不一样，且相反。现在的"仅仅"是极言其少,而在唐时,则极言其多,有"差不多达到"的意思。杜甫在《泊岳阳城下》中说:"江国逾千里,山城仅百层。"他说当时的山城差不多达到一百层,是很高的意思,不能拿现在的说法,说它仅仅一百层,这样就不通了。

韩愈在《张中丞传》中说:"初守睢阳时,士卒仅万人。"就是说当安禄山造反,他镇守睢阳时,守城的士兵差不多达到一万人,他都认识他们并能叫出他们的名字,这是很了不起的。如以现代的意义解释,说仅仅一万人那就不对了。

从词的意义的变化,可以看出历史观点的重要。我们要研究古今这些词的意义的异同,哪些相同,哪些不同,应该搞得很清楚。因为看古书,太深的字不怕,我们可以查字典得到解答,如"靝"字,这个字太深,但我们从《康熙字典》上可以查出这个字就是道家的"天",一点也不难。又如"墬"字,这个字也很深,但是我们一查《辞海》,知道它就是"地"字。所以说,难字难不倒我们,容易的字,倒易迷糊。刚才举的许多字,都是很容易的字,每人都认识它,由于太熟悉了,所以古今的不同就容易忽略,容易放过,这样使我们读古书读得半懂半不懂,实际就是不懂,那就有点像我们读日文,许多字我们认识,就是不懂它的意义。当然读古代汉语不能与读日文相比,但有一点是相同的,那就是不要以为字很熟就懂得它的意义了。所以说,我们必须要树立历史观点。

二、感性认识与理性认识相结合

怎样来学习古代汉语?这有种种不同的方法,效果也不一样。一种是重视感性认识,古人就采取这种方法。古人学习一篇文章,强调把它从头到尾地来熟读和背诵。古人读书从小就背诵几百篇文章,重视感性认识。学校成立以后,尤其是"五四"以后,逐渐喜欢讲道理,解放以后,更要求讲规律。不管讲道理和讲规律,都是重视理性认识。这两种办法到底哪一种好?我认为两种办法都好,两者不能偏废,不能单采取一种办法。特别现在大家学习古代汉语,很急躁,想很快学好,容易偏重理性认识,要多讲道理多讲规律。我认为单讲规律,单讲理性认识,没有感性认识,是不对的。古人几千年来学习汉语的经验是讲求背诵,这种读书的方法似乎是太笨,其实并不笨。现在有些青年说,古代汉语难懂,好像比外语还难懂。这话过分了一些,无论如何古代汉语不会比外语难懂,可是其中也说明一个问题,那就是说,我们要以学习外文的方法去学习古代汉语。学外文的经验,首先强调记生字,还要背诵,把外文念得很熟，然后看见一个字、一个词，或读一本书，马上能了解它的意思。最高的程度，就是看书不查字典，举笔就能写文章，说外语时脑子里不用中文翻译，随口而出。过去普通懂外文的人说外国话时，先考虑中文怎么说，然后再翻成外文；外文程度好的人，就不须要先在脑中翻译，可以直接用外文来想。学习古代汉语的经验和学外语的经验差不多。我们要能看到字就知道这字在古代怎样讲，用不着想这个字或这句话在现代怎样说，在古代怎么说，就好像已经变为古人的朋友，整天和古人在一起谈话似的，这样的效果就很好。

古代人学习古文，不但读的是文言文，而且连写的都是文言文。他们对家里人说的是一种话，关在书房里说的是另一种话，他对古人说古人话，甚至还对朋友说古人话，慢慢地训练成为能说两种话的人，就成为语言学中所谓二言人。这种人精通两种话，说哪一种话都用不着想。比如一个孩子是四川人，家住在北京，他在家里讲四川话，在学校里讲北京话，两种话都能说得很好，这种人很不少。我们学习古代汉语也须要培养这种人，就是现代汉语和古代汉语两样都精通，拿起古书来好像跟古人在谈话，不像现代人，等到拿起《人民日报》时，又变为现代人了，这样就容易学好。所以现在连中学都逐渐鼓励背书，这并不是没有理由的。背书就是重视感性认识,是有效果的。我们原来向同学们提出背诵时,大家表示欢迎,后来因为没有时间,有困难,他们就又说:"不要背古书了吧,因为古人的思想不对头,有毒素,念熟了容易受他的影响。"我认为不能这样说。因为我们现在选读的古文,大都是思想健康的,即使有一点儿毒素也没有什么可怕,因为我们还有马列主义这个思想武器吗,还怕封建思想的毒害?还怕斗不过它吗?所以我们读古书还要背诵,强调感性认识。我们认为要有足够的感性认识,才能提高到理性认识。

我们学习古代汉语,找出一条经验,就是要把三样东西结合起来学习:一是古代汉语文选,二是常用词,三是古汉语通论。我们要把常常见面的词记熟了,学古代汉语和学外语一样要记生字。古代汉语大概有一千到一千二百个常用词,把它像学外文记生字那样地记住,大有好处。不要记那些深奥难懂的字。从前教和学古代汉语的人都走错了路,专记那些生僻的字,如那时小孩子喜欢找一个难懂的字去考老师,这样做是没有好处的。我们应研究那些在古书中最常见的字。那些不常见的字,你研究它有什么好处呢?同时常用词中,我们还要记它常用的意义,那些生僻的意义,可以不记它。比如一个字有五个常用的意义和五个生僻的意义,那我们就要去记那五个最常用的意义。

所以我们要搞常用的、普遍的,不搞那些特殊的、奇怪的。同学们认为记常用词很有用处,因为一个常用词一般在这里是这个意义,在别处一定也是这个意义。要不是这种情况的话,那就要另作处理了,譬如稍微的"稍"字,这个字现代和古代的意义不一样。"稍"字在古代当作"渐渐"讲。《汉书》里有一句话:"吏稍侵凌之。"是说一个人做官很老实,连衙门里的小官吏,都渐渐地欺他老实。这里"稍"字就含有渐渐地、得寸进尺地的意思,如解作"稍微"的话,就不对了,因为不能说稍微地去欺负他。直到宋代,"稍"字还是这个意思。苏轼的诗中有"娟娟云月稍侵轩"之句,是描写他从一个地方回家时看见月亮慢慢升上去,渐渐侵入窗户中的景色,是非常富于诗意的,如要说月亮"稍微"侵入窗户时,就完全没有诗意了。这样我们如掌握了"稍"字这个常用字的词义后,到处就能用"渐渐"来解释它了。

再说"再"字在古代汉语中当"两次"讲。"再来"就是来两次,"再会"就是会两次。所有的"再"字,都当这讲。古代汉语中的"五年再会",如用现代汉语来讲,是说五年后再见。古代汉语则解作五年之内会面两次。两者差别多大!所以如果掌握了常用词的词义,就到处用得上了。

古汉语通论，就是讲理论、讲道理、讲规律。讲古代语法、语音、词汇以及文字学的一些道理，来帮助我们深入地了解古代汉语。三部分中的文选是感性知识部分，古汉语通论是理性知识部分，常用词既是感性又是理性，说它是感性，就是说它当生字来记，说它理性，就是掌握词义后到处可用，也可说掌握它的规律。把古代汉语分为文选、常用词、古汉语通论三部分，把理性知识与感性知识好好结合起来。此外，我们还要强调自己动脑筋、想问题。这样的要求是比较高一些，可以提出，但不要对一般同学提出这要求。古代汉语怎样能懂呢？把很多的文章凑起来，加以分析、概括、领悟，就能懂了。如"再"当"两次"讲，就是从每一篇有"再"字的文章中去领悟它的意义是否一样，当你发现所有的"再"字都当"两次"讲时，你就恍然大悟，知道这个"再"字当"两次"讲了。所以这是领悟出来的，归纳概括出来的。因为它是客观存在的东西，你从许多文章中加以研究、分析、概括，它的意思就找出来了，比查字典还好。因为字典本身有缺点，如《辞源》《辞海》《说文解字》等，都是以文言文来解释文言文，看了以后仍不懂，等于白看了。

　　另外，字典中的解释并不都很完善，还有待我们的修正和补充，如"再"字当"两次"讲，在《说文》中是讲了,普通字典就没有这样解释。所以要我们自己去悟它,琢磨它,就可以搞懂这种道理。

再以学外文为例,要学好不能单听老师讲,还要自己动脑筋去悟去领会它。特别中国人学欧洲文字,它和我们中文很不相同,有些地方是我们特别要注意的,是书本所没有讲的,是需要我们领悟出来的。学汉语也是如此,我们不但懂了,而且还要悟出道理来,这就是创造。一方面我们学懂了,而且还做了研究工作,所以说感性认识和理性认识相结合是很重要的。

三、词汇学习的重要性

学习语言有以下四个方面:一是语音,就是这几个字怎样念。二是语法,就是句子的结构,如说"我吃饭",有的国家和民族就不是这样说,如日本人说"我饭吃"。又如"白马",我们许多少数民族说成"马白",等于我们说"白马"。总之,句子的结构都有一种法则,这就叫语法。三是词汇,词汇是一切事物、行为和性质的名称,如"天"字,英语说成 sky,俄语读成 небо,都不相同。第四是文字,是语言的符号。假如文字不算在内的话,那么我们学习语言就只有三个要素:语音、语法和词汇。

语音问题不大,因为我们读古书不一定要学古人的读音,但是我们也要知道古今读音的不同。如"人"字,北京音读 ren,上海音白话读作 nin,文言读 zen。据我们的研究,古人"人"字的读音和上海白话的 nin 差不多。这种东西对于我们学习古代汉语来讲不太重要,古人读音可以让专家去研究,我们一般仍按北京音去读,上海人就按上海音去读好了。

语法比较重要,但不是最重要的一种,我们过去教古代汉语常常有一种误解,以为语法讲法则,只要把古代汉语的语法研究好了就等于掌握了规律,完成学习古代汉语的任务了。其实不然,因为语法有很大的稳固性,它变化不大,如"我吃饭",在古代和现在差不多。特别是比较文的话,如"抗震救灾",从古代到现在都一样。语法变化不大,所以我们放弃了词汇不研究,专去研究语法还是不解决问题。再说我们的前辈学古文,也不是从语法入手,他们都是念得很熟,能背诵,那时恐怕还不懂什么叫语法,可是他们学习得比我们现在一般人还好。所以我们应着重在词汇方面。我们不能像学外语语法那样,因为外语的语法和我们的差别太大,不学好是不行的。我们现代汉语和古代汉语差别不大,所以我们学习的重点应放在词汇上面,要注意词义的古今异同。首先我们要攻破词汇关,特别是要掌握常用词。我们常有这种想法,感到古人的词汇很贫乏，不够用，不像我们现在那样的丰富。应该说现代汉语的词汇比过去丰富，但不能说古代汉语的词汇很贫乏。我们应该注意古人的许多概念分得很细，可是由于我们不了解，把它混同起来了而感到贫乏，其实在某些地方，比我们现代分得还细，例如，古人说青、赤、黄、白、黑五色，是正色。此外，还有别的颜色，如青黄加起来成为绿色，白色加青色成为碧色，赤色加白色成为红色，黑色加赤色成为紫色。从颜色来看，分得很清，不简单。再以红色来讲，红有粉红、大红，古人却只有红色，是不是因为没有粉红而觉得贫乏了呢？其实不然，古代大红叫"赤"或叫"朱"，粉红才叫"红"。《论语》中孔子说红紫不可为亵服。因为红紫不是正色，赤才是正色。"红旗"是用现代汉语说的；日本《赤旗报》的"赤旗"两字，倒用的是我们古代汉语。但是，从词义讲，我们要注意时代性。"红"在古时作粉红讲，但到唐朝时却当大红讲，如白居易的词中说："日出江花红胜火，春来江水绿如蓝。"这里的"红"就是大红，和现代的意义是一样的了。再讲蓝色，古人叫"青"。青草的"青"、青天的"青"，就是蓝色的意思。所以我们不能说古人没有蓝色的概念，不过它是以"青"字来表示罢了。古时的"蓝"不当蓝色讲。"青出于蓝而胜于蓝"这个成语中的"蓝"是染料，用它来染丝麻织物时，它的颜色是蓝的。它的意思是说：青色从染料中出来，而它的颜色却胜过染料本色。如解作青色出于蓝色，且胜过蓝色，这就乱了。刚才讲过白居易词中的"春来江水绿如蓝"，其中的"蓝"也不是青色，是说水色绿得好像染料一样，并不是说绿色比蓝色更绿，否则不像话了。由此可见，古人的概念还是分得很细，由于我们不注意，了解得不够，所以觉得古人的词很多，可是用起来意思却是一样而显得贫乏了。其实我们真正深入地去进行研究时，就会发现古人的概念是分得很细的，有些比我们现在还细。

现在来讲几个字："寝、眠、卧、睡、寐、假寐"。这几个字，虽然同是与睡觉发生关系的概念，可是分得很细。"寝"是躺在床上睡；"卧"是倚着矮桌子睡；"眠"是闭上眼睛，没有睡着；"寐"是闭上眼睛，没有知觉，也就是睡着了的意思。古人说"眠而不寐"，就是闭着眼睛没有睡着。"睡"是坐寐的意思，就是坐在那里睡着了；它和"寝"不同，因"寝"是躺在床上睡的。"假寐"就是不脱衣冠坐在那里打瞌睡。单从上述有关睡觉的概念来说，已分为六类，由此可知古人的概念还是分得很细的。

现在再举"项、颈、领"三字为例。这三个词的概念在古代汉语中也分得很细。"领"是指整个脖子，如"引领而望"是说伸长着脖子在远望；"首领"是脑袋和脖子的总称。"项"是指脖子的后部,古人的成语"项背相望"是说一个跟着一个在走,后面的人望着前面人的"项背",如说"颈背相望"那就不对了,因为在背后的人是不能望见前面人的颈子的;如说"领背相望"也不好,因为没有说清楚后面的人望着前面人的"项"。"颈"一般是指脖子的前面。古人说"刎颈"是自杀的意思,如楚霸王项羽刎颈自杀了,不能说"刎项",因为"项"是在后面的,那就自杀不了。所以古人对词的概念在有些地方是分得很细的,不能说它贫乏,相反地,在某些概念上倒是分得很清楚的。

再举例来说,关于胡子的问题,古人分为"须、髭、髯"三个概念。口下为"须",唇上为"髭",两旁叫"髯"。关公的髯很长,所以称作"美髯公"。总的名称,也可以用"须"字。我们现在没有这样丰富的概念,不管是上面的、口下的、两旁的都叫做胡子。概念的多少、分得细不细与时代的风俗习惯有关。"须、髭、髯"之分,因为古时男子多数留须,所以须要加以区别。现在我们留胡子的人少,不须要分得这样仔细,统称为"胡子"就可以了。还有,在我们古书上,猪、马、羊、牛的名称种类很多,就是因为在畜牧时代,对初生的猪、一岁的猪、二岁的猪的名称,都须要分开,才能讲得清楚。所以说,一个时代跟一个时代不同,一个民族跟一个民族不同,因此也就不能简单地说古人的词汇是贫乏的。这是讲词汇的第一个问题。

前面提到,古人的词汇不贫乏。在日常生活中用到的词,古人都具备。照斯大林的讲法,这叫做基本词汇。在日常生活中用到的词,就概念来说,古人都有,不过他们所用的词跟我们现在不完全一样。比如红的概念,古人也有,不过用"赤"字来表示。现在的"睡"字,古人则用"寐"字。"睡醒了",古人也有醒的概念,不过是用了"觉悟"的"觉"或"寤"字。这个"醒"是后起的字,上古时代没有。我们现在讲"睡觉",在古时只是睡醒的意思。上古时代没有现在的"泪"字,这自然不能表明古人没有泪的概念,上古时代,用"涕"字来表示,《诗经》有句话:"涕零如雨。"是说眼泪流下来像雨一样。如果我们不了解它的意思,把它当成鼻涕的意思,那就会解释成"鼻涕流下来像雨一样"。这就不对了。那么,古人用什么字表示鼻涕呢?是个"泗"字。《诗经》有"涕泗滂沱"的话,是说眼泪、鼻涕一起流下来。还有上古时代,没有"睛"字,这个"睛"字,用现在的话说,就是眼珠子。古人有眼珠的概念,是用"眼"字表示的。所以伍子胥死时,曾说过把他的眼挖出来挂在城门上的话。那时说挖"眼"就是挖眼珠的意思。那么古人用什么字来表示眼睛的概念呢？这就是大家所知道的"目"字。这个"目"字，现在还用。再有"高低"的"低"字，上古时候也没有。那时用"下"字表示低的概念，古书中常有"高下"的说法，孟子曾说过"如水之就下"，即水往低处流的意思。根据以上所说，我们可以肯定地说，现在的一般概念，古人都有，至于用什么词来表示，那和现在不一样。

关于古代词汇，现在我们好像懂得，但又不一定真懂。要注意，有些词，不要以为讲得通就算对。讲通了有时也会出错。有时讲起来似乎不会有什么问题了，其实不然，恰恰还有问题。刚才提到苏东坡的诗句"娟娟云月稍侵轩"，其中的"稍"字作"稍微"讲，也能讲得通，但这样的讲法不对。另外，"时不再来"这句话，出在《史记·淮阴侯列传》，那里说："时乎时，不再来。""时不再来"这四个字，大家都认识，用现在的话解释，就是时间不再来，这样讲好像不难懂。其实这样解释是不对的，"时"不作"时间"讲，而是时机的意思；"再"是两次，"再来"是来两次，整句话的意思是时机不会来两次。可见讲通了的未必就是对的。再举个例子，《史记·万石张叔列传》有"对案不食"的话，这好像容易懂，"案"是桌子，"对案不食"就是对着桌子吃不下饭。因为当时万石君的儿子做错了事,万石君很伤心,吃不下饭,他儿子因此就悔过。所以这个故事中才用了"对案不食"的话。但要知道,汉朝时候没有桌子,古人是席地而坐的。"案"这里不能当桌子讲,是一种有四条腿的托盘,可以用来放饭菜。古人吃饭时,就把饭菜盛在托盘里,因为它有四只脚,可以平放在地上。"对案不食"是说对着盛放饭菜的托盘,吃不下饭去。这样讲就对了。如果这里把"案"讲成桌子,虽然也能讲得通,可是在别的地方就讲不通。语言是有社会性的,一个词在这里这样讲能讲得通,在别的句子里讲不通,那就有问题,比如在"举案齐眉"这个成语里,把"案"讲成"桌子",那就讲不通。"举案齐眉"的故事是说从前有夫妻二人,丈夫叫梁鸿,妻子叫孟光,他们相敬相爱。孟光给她丈夫送饭,把盛饭菜的盘子举得和眉一般齐。"案"只能解释为"盘",如果要讲成桌子,那孟光一定举不起来了。总而言之,对古人用词,要有敏感,要仔细分析,要从大量的材料中进行概括,进行比较,通过自己的思考,把它弄清楚。单纯地靠查字典,那是不够的。

四、语法的学习

刚才讲到,语法没有词汇那样重要,因为古今的语法变化不大。但这不等于说，古今语法没有变化，也不等于说我们可以不必学古代汉语语法。

关于古代汉语语法，我想可以找些书看看。比较通俗的有杨伯峻的《文言语法》。因此我不详细讲了，只能举些例子说说。

常常有人提到，在否定句中有个词序问题。所谓否定句，是指含有"不、莫"这一类字眼的句子，比如"不知道我"，古人说的时候，要把词序颠倒过来，说"不我知"。这就是说，在否定句中，要把宾语提到动词前面去。还有"你"字，古代说成"汝"，"他"字说成"之"，"自己"说成"己"。这一类都是代词，在否定句中，如作宾语用，一律提到动词前面，说成"不我知、不汝知、不之知、不己知"。这可以说是一条规律，用得很普遍。

疑问句中的宾语，也要提前。不过这里有个限制，宾语必须是代词，比如"何"字，是个代词，它在"尔何知"这句话中作宾语用，须要提到动词前面。如果不提前，说成"尔知何"，那不合语法。有个成语"何去何从"，意思是离开什么，追随什么。这个"何"字也在动词的前面。《孟子》中有句话："先生将何之。""之"者，往也，是去的意思。这个"何"是动词"之"的宾语，须要提前。上古时候，"往"字不带直接宾语，因此这句话不能改成"先生将何往"。何以见得？这可用《孟子》中另外一句话做比较说明，《孟子》中有句话说："天下之父归之，其子焉往。"这个"焉"字作"于何处"讲，而"于"是介词，所以"焉"能当"往"的间接宾语用。

学习古代汉语语法，要仔细进行分析。宾语要提前，得有条件，那就是必定在否定句、疑问句的情况下。另外，宾语必须是代词，如果是普通名词，那就不能提前，比如说"不骑马"，就不能说成"不马骑"。"知我"不能说成"我知"，因为这不是否定句。如果学习时，忘了这些条件，那就容易出错。《论语》中说："不患人之不己知，患不知人也。"意思是不怕人家不知道自己，只怕自己不知道人家。这句话中，"不己知"中的"己"字，提到了动词前面，"不知人"的"人"却没有提前。这些地方都值得注意。语法方面有很多问题值得研究，有的可研究得很细。不妨再举个例子。"之"和"往"有分别，"之"本来是往的意思，但从语法上看，"之"不等于"往"，其中有差别。"之"的后面可以带直接宾语，而"往"则不能，比如说到宋国去，可说"之宋"，到齐国去，可说"之齐"，但不能说"往宋、往齐"。总之，关于学习古代汉语语法，因受时间的限制，不能多讲。上面所讲的，只想说明一个问题，那就是我们也要注意学习语法。

五、学习的具体措施

提到具体措施,首先是要拿出时间,慢慢地学。应当循序渐进,不能急躁,不能企图一下子就学好。这就是所谓欲速则不达。学外国语,有所谓"俄语一月通",一个月内学通俄语,那种学法是不会学得牢固的。学习古汉语也一样,不能企图一两个月学好。我们说,学古汉语,学一二年不算多。北大学生,每周学四小时,学二年,还只能学到一般的东西,谈不到学得深透。学习不能速成。我知道大家想学得快学得好,希望能讲些规律,以为掌握了规律就算学好。规律是须要讲的,但不能把规律看得很简单。学习语文是个反复的过程,快了不行。比如给古书断句,很不简单,常常有点错的情况。点错的或点不断句的,那他一定不懂书的意思,就算是点对了,也还不能说他就一定懂。同学们常点不断句,他们提出问题,问怎样点才能点得对。这就涉及掌握规律的问题。不会断句的原因是多方面的,有词汇方面的原因,有语法方面的原因,还有不了解古时风俗习惯的原因,等等。可见规律是很复杂的。如果只是讲规律,不从感性知识方面入手,那是不行的。两者应当结合起来。刚才有人提了这样那样的问题,我想总的回答一句,就是学得多了,才能逐渐积累起来,积累多了，问题就解决了。要不然，一个一个问题解决，零星琐碎，而且还达不到自己的愿望。那么，究竟怎么办呢？我看要多读些好文章。可以读读《古文观止》，这书市面上有卖的，其中一共有两百多篇文章，不要求都读，可以少读些，读三五十篇就可以。要读，就要读些思想性较好的或自己爱读的文章，最好能够背诵，至少要读熟。此外还可念些诗，读读《唐诗三百首》。三百首太多，不妨打个折扣，也挑选些思想性好、爱读的诗读读，读一二百篇也就可以了。要读得熟，熟能生巧。所以学古汉语的最基本要求，就是念三五十篇古文，一二百首唐诗。宁可少些，但要学得精些。

另外，要学些常用词，这也很重要。关于常用词，只要认真学，是容易掌握的。那些过深的词，可以不必学它。如果要求高些，还可以念些较深的书，如《诗经》《论语》《孟子》。可以先念《孟子》，再念《论语》，这两部书都比较浅。《诗经》稍难些，可以最后学。前两部书可整个念，最末一部可以念选本。《论语》可以选用杨伯峻的《论语译注》，《孟子》可读兰州大学中文系编的《孟子译注》，《诗经》可以采用余冠英的《诗经选》。除此以外，在学习方面还有更高的要求，这里就不多讲了。

诸位都是机关干部，各人的情况不一样。大家可能不会有很多时间学古代汉语,那就不妨少学些。诸位读古文,可能有困难,就是看了注解,也不一定全懂。要慢慢地学。有个函授学校,可以帮助诸位解答一些问题,下次王泗原同志还准备给诸位讲古文。当然不可能讲得很多,只能起一些示范作用,主要还得靠自己去学。我想只要能熟读,即使不懂也没有什么问题。现在有个尝试,小学生读古文,准备他们学不懂,这没有关系,只要熟读了,慢慢地就会懂的。这些话与刚才讲的要仔细地读,好像有矛盾,其实这里没有矛盾,刚才说的那些,都是从较高的要求提出的。我们不要有惧怕的心理,因为古汉语中一定有容易懂的地方。能懂一些,就会培养出兴趣来。有了兴趣,就能慢慢地读通古文。北大的学生在学校要学二年,诸位不妨读它三年或更长的时间。我相信你们是一定能够学得好的。这也算是我对你们的希望吧!

原载《语文学习讲座丛书》第6辑,1980年

关于古代汉语的学习和教学

我今天讲的题目是"关于古代汉语的学习和教学"。这里有两个问题：一是怎样学古代汉语的问题，一是怎样教古代汉语的问题。我着重讲学的问题，因为学的问题解决了，教的问题也就好解决了。教，无非是教学生怎样学，这两个问题是密切相关的。

一、关于学习的问题

语言有三个要素，就是语音、语法、词汇。那么，我们学习古代汉语，这三个方面，哪方面最重要呢？应该说是词汇最重要。我们读古书，因为不懂古代语法而读不懂，这种情况是很少的。所以语法在古代汉语教学中不是太重要的。至于语音方面，更不那么重要了。比方说散文，跟语音就没有很大关系，诗歌跟语音有点关系，但也不是重要的。不过，不重要不等于说不要学，还是要学，三方面都要学。现在我先就这三方面讲讲学习的必要性。

首先要提醒大家，学习古代汉语最要紧的一个问题就是历史观点的问题。我们现代汉语是从古代汉语发展来的，当然古今相同的地方是很多的，但是也有很多不同的地方。我们要注意的就是那个古今不同的地方，这就是所谓历史观点。不管是从语音方面，从语法方面，从词汇方面来看，都应该注重这个历史观点。

先讲语音方面。从《诗经》起一直到唐诗宋词，这些都有语音的问题，就是古音的问题，我们要注意研究古音。举一个很浅近的例子，唐诗宋词里边有平仄的问题，这是诗词的一种格律。这个要懂，不懂，有时候就会弄错。我记得在二十多年前，有位同志在杭州图书馆里发现了岳飞的一首诗，诗发表在《人民日报》上，题目是《池州翠微亭》，是一首七绝："经年尘土满征衣，特特寻芳上翠微。好山好水看不足，马蹄催趁月明归。"按照那首诗的格律来看，应该是"好水好山"，如果是"好山好水"，就不合平仄，不合诗的格律。因此我用不着到杭州去看他是不是抄错了，就能够断定他是抄错了，因为岳飞虽是一个名将，同时也是一个文人，他不会写一首七绝都不合格律的。前年，我看到一个同志注解李商隐的诗，其中有一首《无题》

诗,最后两句是:"蓬莱此去无多路,青鸟殷勤为探看。"这个同志抄错了,他抄成了"此去蓬莱无多路"。为什么抄错了呢?他感到自己抄的比较合语法,"从这里去到蓬莱没有多少路"嘛,所以他就抄成了"此去蓬莱无多路"。但是他没有注意到,"此去蓬莱无多路"这不合平仄,而李商隐是个大诗人,作诗能够不合平仄吗?所以,语音方面要注意。

其次讲到语法方面。语法不是说完全不要注意,读古文有些地方是跟语法有关系的,古代的语法有的跟现代还是不一样的,所以也不是说完全不要注意。举个例子,也是刚才说到的那位同志,写李商隐诗注,就碰到一个语法问题,他没有解决好。李商隐有一首诗,题为《韩碑》,讲的是韩愈写的那个碑,里边有两句:"碑高三丈字如斗,负以灵鳌蟠以螭。""碑高三丈字如斗",是说那个石碑有三丈高,字写得像斗那么大。"负以灵鳌"的"鳌",就是一种大鳖,也可以说是大龟一类的吧,现在我们在北京都常常看见的,石碑底下有个乌龟,背着那个石碑,那个乌龟就叫做"鳌"。"负以灵鳌"就是"以灵鳌负之",以大龟来背着那个石碑。"蟠以螭",螭,是古代传说中一种没有犄角的龙。"蟠以螭"按照语法看,上面的"负以灵鳌"就是"以灵鳌负之",那么"蟠以螭"就应该是"以螭蟠之"。但是这位同志不懂,他不从语法上考虑问题。他怎么注呢?他注:"蟠也是龙,螭也是龙。"那么这样一注呢,就不好懂了,既然应该是"以螭蟠之",你要说两个都是龙,那就成了"以龙龙之"了,行吗?不行。他不知道"蟠"不是龙,"蟠龙"才是龙。有一种龙叫蟠龙,即龙没有飞的时候叫作蟠龙。但是单独一个"蟠"呢,就不是那个意思,单独的"蟠"是绕的意思,即盘绕。"蟠以螭"即"以螭蟠之",就是用一条龙绕着那个石碑。全句诗的意思是:用大龟背着石碑,石碑上边盘绕着龙。所以,从这里看,语法还是相当重要的。

下面着重谈词汇问题。刚才说了,学习古代汉语最重要的是词汇问题。我们在编《古代汉语》教科书的时候,有位同志提到,古代汉语的问题,主要是词汇问题,解决了词汇问题,古代汉语就解决了一大半问题了。这话我非常赞赏。为什么有人学习古代汉语时,在词汇问题上常常出差错呢?这就是因为他没有历史观点。他不知道古代,特别是上古时代,同样一个字,它的意义和现代汉语的意义不一样。前年,我在广西大学讲怎样学古代汉语时,举了个例子,这里不妨再举一下。在批林批孔那个时候,有位教授,很有名,红得发紫,是专门批孔的,他引过《韩非子·显学》里面的话:"故明据先王,必定尧舜者,非愚则诬也。"韩非子的主要意思是说：古代所谓尧舜的事，不会是真的，那么你肯定尧舜的事是有的，你不是愚，就是诬。"愚"是愚蠢，"诬"是说谎。这就是说，你要是不知道尧舜的事本来没有，而肯定说有，就是愚蠢受骗；你要是知道尧舜的事本来没有，却偏要说有，就是说谎骗人。可是这位教授却把"非愚则诬"解释为："不是愚蠢，就是诬蔑。"这就错了。他不知道，在上古汉语里，这个"诬"字不当"诬蔑"讲，而当"说谎、说假话"讲。所以这位老教授解释为"不是愚蠢，就是诬蔑"，那就不好讲了。诬蔑谁呀？诬蔑尧舜吗？不对。后来他见人家都注作"不是愚蠢，就是说谎"，他才改过来。这就是古今词义的不同。

我再举一个例子，《孟子·告子上》："一箪食，一豆羹，得之则生，弗得则死。"这里面有个"羹"字，现在我们注解"羹"字常常说"羹"就是羹汤，我们看兰州大学中文系《孟子》译注小组编的《孟子译注》，那里面怎么注解"一豆羹"呢？是这样注的："豆，古代盛羹汤之具。"（甚至在译文里就干脆将"一豆羹"译为"一碗汤"了。）我们认为这个注解是错误的。我们的古人只说，豆，是古代盛羹之器，没有汤，他把一个"汤"字添上去就错了，错得很厉害。为什么只能说是"盛羹之器"呢？"羹"

是什么东西？"羹"就是煮熟以后带点汁的，所以是带汁的肉。羹，一般都是加佐料的，即所谓五味羹，酸甜苦辣咸，有五种味道，但主要是两种味道：盐跟梅。《尚书·说命》："若作和羹，尔惟盐梅。"梅子是酸的，盐是咸的。要是穷人没有肉吃怎么办呢？穷人也有羹，那叫"菜羹"，但"菜羹"也不是菜汤，"菜羹"是煮熟的菜。总之，羹是拿来就饭吃的，所以《孟子》的"一箪食，一豆羹"就是一筐饭，还加上一碗羹。"箪"是古代盛饭的筐（一种圆形的竹器）；"食"是饭；"豆"就相当于我们现在的碗吧，就是你们看过的故宫博物院里边陈列的那个长把东西，是盛肉菜的。所以《孟子译注》的那个注解在"羹"字后加上个"汤"字就错了，因为"羹"根本就不是"汤"。我们再看《史记·项羽本纪》，楚霸王项羽把刘邦的爸爸抓住了，他对刘邦说，如果你不赶快投降，我就把你爸爸烹（煮）了。刘邦说，我曾经和你结拜为兄弟，我的父亲就是你的父亲，如果你一定要烹你的父亲呢，就希望你分给我一杯羹（"吾与项羽俱北面受命怀王，曰'约为兄弟'，吾翁即若翁，必欲烹而翁，则幸分我一杯羹"）。以前我没有教古代汉语，连我也误会了，我以为一杯羹的"杯"就是盛茶、盛汤的东西，"一杯羹"就是一杯汤。后来教了古代汉语，研究了古代汉语，才知道这是不对的。在上古的时候,"杯"不是指的茶杯的"杯",而是盘子之类的东西叫"杯"。"羹"呢,是肉。"分我一杯羹",就是分给我一碗肉。刘邦不会那么客气的,只要一碗汤。这个就是所谓历史的观点。对于我们读古文来说很重要。有些人常常拿现代汉语解释古代汉语,就常常造成错误。

现在我再举一些例子,就是我们现在用的那个中学语文课本的一些注解,从历史观点上看,这些注解是错的。我不是在这里批评那个课本,不是这个意思。那个课本后来都给我看了,我提了意见,大概现在已经改了,或者将要改。我不是在这里批评语文课本,而是因为我们今天的听众有一部分是中学的语文教师,我这样讲比较有针对性。语文课本的《愚公移山》里有一句话:"以君之力,曾不能损魁父之丘。"语文课本怎么注呢?注解说:曾,是"竟"的意思。那么"曾不能"就变成"竟不能"了。这样注我看是不妥当的。在上古汉语里"曾"是一种加强否定语气的副词,所以常常是"曾不"用在一起,加强"不"字。"曾不"就是"并不"的意思,"曾不能损魁父之丘"就是"并不能损魁父之丘",也就是"连魁父之丘那么一个小丘也不能损"。所以把这个"曾"字解释为"竟"不对。后来在另外一篇课文《核舟记》里有一句"而计其长曾不盈寸",注解说:曾,是"尚",就是"还"。这个注解就比较好了，注意到了"曾不"是"还不"，比刚才那个注好。但最好还是将"曾不"一起注，"曾不"就是"并不"。

另外一篇课文《楚辞·九歌·国殇》里有一句话："首身离兮心不惩。"注解说："惩，惩创，损伤。"注为"惩创"，原则上是不错的，因为古人也是把"惩"注为"惩创"，但是注为"损伤"，就不妥当了。《国殇》里讲"首身离兮心不惩"，这是说，战士们被敌人杀掉，而身跟首分离，也不后悔。"心不惩"就是不后悔。《说文解字》云："惩，忢也。""忢"（yì）就等于"艾"（yì）。"自怨自艾"，就是自己埋怨自己。自己埋怨自己跟后悔的意思就差不多了。自己埋怨自己不应该那样做，那是自己做错了，但是"首身离兮心不惩"，是说为国家而牺牲，决不埋怨自己，而认为自己作对了。如果说，"首身分离了，心没有损伤"，"没有损伤"怎么好懂啊？不好懂。

再举一个例子，司马光《赤壁之战》有一句话："今刘表新亡，二子不协。"语文课本注为"指刘表的两个儿子刘琦和刘琮不合作。协是和协，合作，不协就是不合作"，我认为这个注解是不妥当的。我们注解古书，注解古人的话，不要用现代的话来解释它。你说刘表两个儿子不合作，这个话太现代化了吧！古人没有这个话。"不协",就是"不和"。刘表的两个儿子不和,你看《三国演义》里都讲了,刘琦就怕刘琮害死他,所以请刘备指教他,他就躲开了,那是不和,跟合作没关系。根本当时就没有想到所谓合作的问题,怎么合作呀?如果这两个人都同居在一个重要的地位,一个作这方面的官,一个作那方面的官,都很重要,这才有一个合作问题。这里根本没有合作的问题。而是弟弟要把哥哥杀死的问题,要害死他哥哥的问题,跟合作有什么关系呀?所以我们注解古文,最忌把现代人的思想摆到古人那里去。"协"就是"和",就不要说"合作"。

再举一个例子,苏洵的《六国论》中说:"至丹以荆卿为计,始速祸焉。"这句话就是说,到了燕太子丹,他相信荆轲的话,让荆轲行刺秦始皇,后来没成功,这样子秦国就赶快把燕国灭了,所以叫"始速祸焉",才招来了祸害。"速"是招来的意思。语文课本注为"速,招致,这里作动词"。速,是招致的意思,这个话不错。错在哪里呢?错在后面的"这里作动词"。为什么要说这里作动词呢?因为注者以为这个"速"是快速嘛,是个形容词,但这个地方是个动词,所以这个形容词"速"是作动词用。错就错在这个地方。他不知道,这个"速"字有招致的意思,又有快速的意思,招致这个意思跟快速的意思是没有关系的。不是说快速的意思引申了，引申为招致，不是这样的。所以注为"招致"就不应说"这里作动词"，它本来就是动词嘛，怎么说"这里作动词"呢？

此外，还有关于现代汉语同近代汉语的差别问题，例如在徐弘祖《徐霞客游记》里边有一篇文章是《游黄山记》，其中有句话："时夫仆俱阻险行后，余亦停弗上。"课本注："夫仆，就是仆人。"这个注不妥当。"夫仆"是两个名词，"夫"是"夫"，"仆"是"仆"，并不是一个双音词，所以并不是"夫仆，就是仆人"。"夫"是挑夫，是给他挑行李的。"仆"是仆人，是跟随他的，不是给他挑行李的。"夫"有时也指的是轿夫（抬轿的）。反正"夫"跟"仆"不是一回事，所以"夫仆，就是仆人"这个注解就不对了。这牵扯到近代汉语的问题。你们恐怕很少看见"夫"了，现在挑夫也没有了，轿夫更没有了，所以注起来就没有注意到"夫"和"仆"不是一回事。

下面我想再谈谈我们在阅读古文、注解古文的时候常犯的错误是什么。我想谈三个问题，即望文生义、误用通假和滥用通假。

（一）望文生义

什么叫做望文生义，就是看到一句话，其中的某个字用这个意思解释它，好像讲得通，以为就对了。其实这个意思并不是那个字所固有的意思，在其他的地方从来没有这么用过，只不过是在这个地方这样讲似乎讲得通。但是通不等于对，不等于正确。你要说这样解释就通了，那就有各种不同的解释都能通的。为什么通不等于对呢？我们知道，语言是社会的产物，是全体社会成员约定俗成的。一个词在一定的时代表示一定的意思，是具有社会性的。某个人使用某个词，不可能随便给那个词另外增添一种意思。因此，我们阅读古文或注解古文时，就要仔细体会古人当时说那个话究竟是什么意思？那才是对的。我们的老前辈最忌讳望文生义，常常批评望文生义。可是我们现在犯这种毛病的人非常多。前几年我们北京大学编了一本《古汉语常用字字典》，看见他们原来写的稿子很多地方都是望文生义的。所以这个要着重地讲一讲。

举一个例子，如"信"字，有个学校编了一本字典，编字典的同志亲自到我家来征求意见，我看到里边有一条："信，旧社会指媒人。"举的例子是《孔雀东南飞》里的一句话："自可断来信，徐徐更谓之。"这句话的意思是说：拒绝那个来使，以后再谈吧。这个字典的草稿把"信"字注为"媒人"，为什么要那么讲呢？因为很清楚嘛，将这句话解释为"就回绝了那个媒人，叫他以后再说"，这不就讲通了吗？这就叫做望文生义。我们要问，如果这个

"信"字有媒人的意思,为什么别的书、别的文章里边都没有"信"当"媒人"讲的呢?这里就有个语言的社会性问题。语言是社会的产物,你说出来的话就要人家懂,如果这个"信"字一般都没有媒人的意思,唯独《孔雀东南飞》的作者把"信"用作媒人的意思,人家能懂吗?我们看余冠英同志是怎么注的,他说:"信,使者。""信"当"使者"讲,那是很常见的。"断来信"就是回绝来使,后面再加个括号注明:"来使,指媒人。""来使"的"使",在这里指的是"媒人",这个话就没有毛病了,这就是说在这个上下文里边,指的是那个人。但是解释的时候,先要讲这个"信"字是使者的意思,然后再指出这个地方可以当"媒人"讲,那就不错了。我们编的古汉语教材里,就常常用这个方法,先说这个字是什么意思,再说这个地方当什么讲,就是把一般的情况讲清楚了,然后讲特殊的情况。

再举一个例子,苏轼《念奴娇·赤壁怀古》:"乱石穿空,惊涛拍岸。"胡云翼《宋词选》注:"惊涛,惊人的巨浪。"这么解释好像也讲得通,其实也是望文生义。"惊"并没有惊人的意思,"惊"的本义是指马因害怕而狂奔起来,也就是指马受惊。《说文》:"惊,马骇也。"《战国策·赵策一》:"襄子至桥而马惊。"我看,按照惊字的这个本义,"惊涛"就是形容像马受惊而狂奔那样汹涌的波涛。这样理解才确切,也更形象些。此外,如旧时比喻美人体态轻盈的"惊鸿"(曹植《洛神赋》"翩若惊鸿"、陆游《沈园》诗"曾是惊鸿照影来"),其中的"惊"字也是这种本义的引申。

下面还是举中学语文课本的一些例子,说明望文生义的问题。

《曹刿论战》有一句话:"衣食所安,弗敢专也,必以分人。"语文课本注:"衣食这样养生的东西,不敢独自享受。安,有'养'的意思。"我认为这也是望文生义。为什么呢?"食"能养人,"衣"还能养人吗?衣服是保暖的,不是养活人的,养活人靠"食"。"衣食所安",怎么能说是衣食养生呢?这是不妥的。我翻了王伯祥编的《春秋左传读本》,他注得比较好。王伯祥说:"衣食二者,系吾身之所安。"这样,"身之所安",意义就广泛了,衣食都是我们靠它安身的,"安身",就可以包括衣在内,食在内。我看王伯祥这个解释比我们中学语文课本的解释要好得多。在语文课本里,就是这同一篇文章,还另外有个注,"一鼓作气",注为:"作,激发、振作。"就这句话来讲,"作"解释为"激发"是讲得通的。但是就这个"作"字的意思来讲呢,就没有激发的意思。振作这个意思倒比较好。"作"究竟是什么意思呢?"作"就是起来,比方说,站起来就叫做"作"。那"一鼓作气"呢?就是一鼓使勇气起来,所以这里讲振作就比较合适,讲激发就不大合适。这个问题不大,不过也提一提。

另外一篇文章有个问题比较复杂。《陈涉世家》说陈胜"攻陈,陈守令皆不在,独守丞与战谯门中"。语文课本注:"守丞,当地的行政助理员。"我觉得这个注最不妥当的是把"丞"解释为行政助理员。在汉代,"丞"是什么意思呢?"丞"是一种副职。郡有太守,副太守就叫作"丞"。县有县令,副县令也就是"丞"。"丞"仅次于守,仅次于令。"丞"主要是管武事的,所以说"守丞与战谯门"。因为"丞"是管武事的,保卫城就是他的责任。语文课本注为"行政助理员",秦末时有那么个官叫行政助理员吗?这种说法太现代化了。什么叫"守丞"?有两种解释:一种解释"守丞"是守那个城的副县令或副太守。"守"是动词,守那个城的。另一种解释就不一样了:"守丞"就是郡守的副职,就是副郡守。我比较同意后一种说法。当然,这里还有一种复杂的问题,有人说,秦朝那个时候,陈,只是一个县,不是一个郡。这个比较复杂的问题就不详细讲了。这里只是说注为"行政助理员"是不妥当的,因为没有那个官,况且行政助理员就不是管武事的,他也就没有那么大权力负责指挥守那个城了。

再举一个例子,杜甫的诗《闻官军收河南河北》有一句"青春作伴好还乡"。语文课本注:"青春,明媚的春光。"这句话讲得通讲不通呢?看来好像是非常通,"青春作伴好还乡",这不是很好吗?但是不行,这是望文生义,不是本来的意思。杜甫为什么要叫"青春"呢?为什么不叫"明春"或别的什么"春"呢?我们查了一下《辞海》(旧《辞海》),里边说:"青春,春时草木滋茂,其色青葱,故曰青春。"春天,因为草木都返青了,所以叫"青春"。我看这个解释不但比"明媚的春光"正确,而且更有诗意。可见,就是看来很浅近的词,我们也要留意,应该怎么注才不是望文生义。

另有一个例子,陆游的诗《书愤》有两句:"出师一表真名世,千载谁堪伯仲间?"语文课本这样注:"伯为长,仲为次,后来伯仲就被用作衡量事物等差之词。"这个注解也是不妥当的,不妥就在于"等差"两个字。一讲"等差",就说"伯为长,仲为次",就是哥哥比弟弟高,所以有"等差"嘛。当然,注为"等差"这也不是中学语文课本的错。错的来源在旧《辞海》,那本书也是那么错误的,所以是有根据的。旧《辞海》注"伯仲,评判人物之等差也",并引曹丕《典论·论文》"傅毅之于班固,伯仲之间耳"为例。旧《辞海》误以"伯仲"为"等差",跟原意正好相反,原意"伯"是哥哥,"仲"是弟弟,哥哥和弟弟差那么一两岁,所差不远,所以是强调没有多大差别。你说是"等差",又说"伯为长,仲为次",就强调了"差"。其实"伯仲"是强调差不多少。在萧统的《文选》中,曹丕《典论·论文》李善注得很好。李善注"伯仲"说:"言胜负在兄弟之间,不甚相逾也。"他说,谁胜谁负,谁高谁低呢?"不甚相逾也",差不多。很难说谁比较高,顶多稍微高那么一点点,也就是像哥哥、弟弟那样差一两岁,所差无几。他是强调"不甚相逾也",差不离,都一样。这样,我们就好懂了。陆游《书愤》的那两句诗:"出师一表真名世,千载谁堪伯仲间?"是说诸葛亮千载之下谁能够比得上他呢?谁能跟他相为伯仲呢?就是说谁能跟他差不多呢?最好是再看杜甫的《咏怀古迹》诗,也有一首是讲诸葛亮的:"伯仲之间见伊吕。"原来的杜甫诗注云:"孔明之品足上方伊吕。"就是孔明要讲起品德,可以上比伊尹跟吕尚(姜太公)。这个注解就很好,这里就没有"等差",没有讲诸葛亮比不上伊、吕,而是说"伯仲之间见伊吕",诸葛亮跟伊、吕差不多,这才对。所以我们要注意,"等差"就把这意思弄反了,谁是伯,谁是仲啊?是要追究谁是伯,谁是仲吗?其实不是。

还有个例子,《诗经·魏风·硕鼠》中"三岁贯女,莫我肯德"。中学语文课本注为:"德,恩惠,作动词用,感恩的意思。"我认为,"德"解释为"恩惠"是对的,作动词用也是对的,但是最后说是"感恩的意思",恐怕就不对了。这一次的望文生义更容易使人相信了,为什么呢?因为把"三岁贯女,莫我肯德"解释为"我对你那么好,你不肯感我的恩",这不是很通了吗?这种望文生义,就很典型。我们想想,"感恩"本来是心里边感嘛,怎么还说"肯不肯感恩"呢?这讲不通。所以若作"感恩"讲,就没有"肯不肯"的问题了。我们看郑玄怎么注的,郑玄注为:"不肯施德于我。"就是对你那么好,你不肯给我一点好处,反倒恩将仇报,不肯施德于我。我看郑玄的这个注是对的。"施德于我","施"是一种行为、动作,才谈得上"肯不肯"。朱熹作"归恩"讲,也较好,"归恩"就是"报恩"的意思。

关于望文生义,还有个例子:《廉颇蔺相如列传》里的一句话:"赵惠文王时,得楚和氏璧。"语文课本注:"璧,玉的通称。"这个注也可以说是望文生义的一个典型。我们查遍字典、辞书,都没有说"璧"是玉的通称。璧,就是一种玉器。你看故宫里边就陈列着很多璧,璧有璧的形状,是玉经过雕琢而成的,它是一种玉器,不是玉的通称。所有的玉都能叫璧吗？那为什么这个地方要那么注呢？原先不懂，后来我体会到了，你看"赵惠文王时，得楚和氏璧"，我们念《韩非子》的时候念到过：和氏在楚的深山里边找到一种玉，先是璞玉，经开凿发现玉，然后才雕琢成为璧。所以下文说："王乃使玉人理其璞而得宝焉。"而这位同志注解这句话时，就认为，和氏得到的既然不是璧，是一块玉，怎么能说是得到璧呢？噢，这个璧一定是玉。这样子去解释有没有道理呢？我认为没有什么道理。有一点要注意，我们古人行文的逻辑思维是没有我们现代人的逻辑思维那么严密的。说得到和氏璧，不但不是璧，也不是玉，是一块石头，里边有玉。那应该怎么注呢？应该说，得到和氏璧是得到和氏的那块石头才对！因为那时还不知道里边有玉没玉呢。最近还有读者给我来信，要辩论一个问题，他说，赵惠文王得楚和氏璧，不是他得到的，是楚王得到的，怎么是赵王得到的呢？我看，你不要纠缠那些问题，古人不跟你讲那么多逻辑。

关于望文生义，最后再举一个例子，王安石《游褒禅山记》："盖其又深，则其至又加少矣。"中学语文课本注："加少，增加少的程度。"这样讲通不通呢？完全通，但是刚才我说了，通，不等于对。要是讲成"增加少的程度"，"加"字就是一个动词，而我们古汉语里的这个"加"字，除了当作动词之外,还有一种副词的作用,"加"就是"更","加少"就是"更少"。我在我主编的《古代汉语》这部书的常用词里特别讲"加"字有"更"的意思,并且还强调指出:"这种'加'字不能解作'增加',否则,'加少'不好讲。""加"在古代有"更"的意思,"加少"就是"更少",那不是更好懂吗?为什么要注"增加少的程度"呢?倒不好懂了。

这里再补一个例子吧,《六国论》:"故不战而强弱胜负已判矣。"中学语文课本注:"判,分,清清楚楚的意思。"这也是望文生义,好像是讲通了,"没有经过打仗,强弱胜负已经清清楚楚地分开了",但是从"判"的原来意思看,没有清清楚楚的意思。"判"字的本义是一分为二,一样东西分为两半,叫做"判"。要把"判"解释为"分"倒也不错,最好解释为一个东西分为两个,叫"判"。这样,强弱是两个东西,一个强,一个弱,还有胜负,也是这样子。一个强,一个弱,一个胜,一个负,分开了,这样说就行了。

以上讲的是望文生义的毛病,而这个毛病现在是越来越多,好像把这话讲通了就行了,而不管这个字原来是什么意思了,所以我在这里特别强调要反对望文生义。现在有新出版的字书、词典之类的书,这类毛病也是很多的,也值得我们注意。

（二）误用通假

在汉字里，有所谓假借字。假借字有两种：一种是本无其字，假借另外一个字来用。比方说，有很多虚词，没有为虚词造的字，如"而"字，本来是一个实词，后来写作"鬍"。《说文》："而，颊毛也，象毛之形。"后来人们假借这个"而"字当连词用，这就叫本无其字。另一种是本有其字的，也假借。最典型的字是早晚的"早"字，本来很早就有，可是很多古书都写跳蚤的"蚤"，将"蚤"假借为早晚的"早"。这个就叫做本有其字。另外还有一种情况是本来没有那个字，但后来也造出来了。比如喜悦的"悦"字，本来写成"说"，后来就写成"悦"字了。现在我们有争论的问题就在于：本有其字的，什么叫本有其字？所谓本字不能叫本字，我就跟人家争论过这个问题。有人说，本字是可以叫作本字的，因为本字是多用字。如果把本字看成多用字，那是另外一个问题了，是关于本字的定义的问题，没有什么好争论的。我反对的是要不要讲为通假。比方古书中喜悦的"悦"，一般都写成言字旁的"说"，读古书"说"字就读成"悦"。"说"同"悦"，这样的注解是不妥当的，我认为这是误用通假。为什么这样说呢？因为古人写"说"字当"悦"讲的时候，还没有"悦"字，怎么能说成"说"同"悦"呢？古人所谓通假，其实呢，就是有点像现在的写别字，写成另外一个字。我们应该认为古人写别字的情况是有的，但是不多。像这个喜悦的"悦"字，既然一般都写成"说"，就不能说这个字同那个字。心字旁的"悦"字是上古时没有的。《说文解字》这部书没收这个字，可见在那个时代这个喜悦的"悦"字还没有产生。《孟子》里有这个喜悦的"悦"字，但是我们知道，有很多古书是经过后人改过的。有些人拿当代用的字去看，认为这里本该这么写的，就把《孟子》这部书里的一些字改了。所以有人说《孟子》这部书是俗字的渊薮，就是说俗字最多的是《孟子》。为什么俗字最多的是《孟子》呢？本来，经书从前人们是不敢随便改的，但是因为《孟子》很晚才作为经书，大概在宋代吧，这样，在此之前，《孟子》里被人改动的字就很多。

再举个例子，打仗的那个"阵"字，过去一向写作"陈"字，不写作"阵"字，"阵"字是后来才这样写的。这种字我们叫做区别字，是后来为了和"陈"字区别开来，才另外造个打仗的"阵"字。所以唐代注释家颜师古特别讲"阵"字本来只能写成"陈"字。但是，我们发现《吕氏春秋》就有"阵"字，怎么解释呢？也是后人改的。后人因为一般人都写这个"阵"字，就改了，要不颜师古那么有学问的人,他怎么会说应该写成"陈"呢?难道颜师古没有念过《吕氏春秋》吗?这是不可能的。这说明这些字是后人改了。这样,我们就要明白,作注解的时候不能说这个字"同"那个字,因为那个字当时本来并不存在,怎么能说"同"呢?

在中学语文课本里,《诗经·魏风·伐檀》有一句:"不狩不猎,胡瞻尔庭有县貆兮?"课本注:"县,同悬。"这样注解是不妥当的。因为《诗经》的时代还没有底下带心字的"悬"字,怎么能说同"悬"呢?刚才说了,通假等于写别字,有人不叫"同",叫"通",说通"悬"。怎么能说"通"呢?古时没有那个字,你冤枉古人了,说古人写别字了。这个问题就严重了,会把我们的青年学生引导到没有历史观点的错误道路。这个悬挂的"悬"字,有没有这个字呢?有。出在《孟子》这部书里边,但那也是后人改的,我们不能这样做。另外,《廉颇蔺相如列传》有句话:"唯大王与群臣孰计议之。"语文课本注解说:"孰,同熟。"这个错误跟刚才我说的那个错误是一样的。我们查《说文解字》,"孰"字已经解释为煮熟的"熟"了。那个四点是后来的人加的。为什么加呢?就是要搞个区别字,"孰"字后来当"谁"讲,煮熟的"熟"就另外造个字区别开来,这样"孰"字底下才加了四点。如果《史记》

里的"孰"同"熟",也是冤枉司马迁写别字了。司马迁没有写别字,司马迁那个时代还没有"熟"字。

如果像这种情况,我们编《古代汉语》教科书的时候是怎么处理的呢?比如"说"字,这样注:说,应念 yuè,喜悦。后来写成"悦"。孰,等于熟,后来写成"熟"。这就没有毛病了。还有《赤壁之战》有句话:"将军禽操,宜在今日。"语文课本注:"禽,同擒。"这是同样的错误。因为古代没有"擒"字,《说文解字》里"熟"字、"擒"字都没有。《说文解字》另外有个字,是提手旁一个金银铜铁的"金",即"捡"。有人说这是"擒"字,也不可靠。我们古书里一般都写禽兽的"禽",把它当作"擒",所以我们不能说同"擒"。《赤壁之战》另外有句话:"五万兵难卒合。"语文课本注:"卒,同猝。"这错误是一样的。《六国论》的"暴秦之欲无厌",怎么注的呢?注:"厌,同餍。"这种错误也是一样的。因为"厌"字本来是当"吃饱"讲,最早的时候连上面的两笔都没有(猒)。所以我想提醒大家,将来我们注古文的时候,不能用这个办法,用这个办法就使青年人误会了,以为我们的古人很喜欢写别字,其实那个时候没有那个字,怎么会是"同"或"通"呢?应该换一个办法,比如我刚才提到的那个"说"字,注作:"说,读成 yuè,

喜悦。"不要说"同",这就没有毛病了。

（三）滥用通假

滥用通假，跟刚才说的误用通假是不一样的。误用通假就是本来没有这个字，还说"通"，还说"同"，那就是误用了。所谓滥用，按照道理来说，它是有那个字的，但是究竟是不是假借为这个字，那就成问题了。我们清代的学者们，叫做乾嘉学派的，在语文研究上有很大的成就，就是很会用通假。特别是王念孙、王引之父子。所谓通假，就是本有其字，但不用那字，而是用另外一个字，即同音字替代。王念孙还有个理论："就古音以求古义，引伸触类，不限形体。"这就是说，要冲破字形的束缚，来追究本来意思。不同的字形，只要声音相同，意义就可能相同。这是很大的成就。古书上原来很多讲不通的字，他用通假的办法就讲通了，但是到了乾嘉学派的末流就坏了。真理走过了一步就是错误。善用通假，就能作出很大的成绩；滥用通假，那就错了。滥用通假就是你主观臆测这个字应该那么解释，就从通假上来找一个理由，这样子就坏了。所以通假是好的，滥用就不好。近来很多同志写信给我都谈通假的问题，说某句话应该怎么解释，用通假就讲通了，而我们平常却讲得不好。现在我举两个例子：

一个例子是辛弃疾的《摸鱼儿》词有句话："惜春长

怕花开早。"这话不是很好懂吗?我们爱惜这春光,常常怕花开得太早了,因为早开就早谢,所以我"惜春长怕花开早"。最近有位中学教师写信给我,他说这个问题有争论,连断句都有争论。他讲:有人说应该那么断句,"惜春长"我就"怕花开早"。但是这位同志说,不对,"长"应该通"常",经常害怕花开早。叫我回答他,谁对。我说,你们两位都不对。当然把"惜春长"断成句,那个错误就更大了,但是你一定要把长短的"长"说成通"常",也不对。我说根本就不要讲通"常"。长短的"长"只要引申一下就是经常的"常","天长地久",不就是长久的意思吗?长久的意思再一转就转到常常了,那不是很好转过去的吗?为什么要说假借呢?说假借问题就大了,因为那个长短的"长",古音应该念澄母;经常的常,古音应该念禅母,差别很大。那你这样"通"就没有学会通假。通假是古音的通假,拿现在的读音通假讲古文就不对了。这就叫做滥用通假。

另外一个例子,苏轼《石钟山记》:"郦元以为下临深潭,微风鼓浪,水石相搏,声如洪钟。是说也,人常疑之。"我想大家讲的时候很好讲嘛,人们常常怀疑《水经注》的这个说法,即,郦道元的这个说法,人们常常怀疑,这不是好懂吗?可是有位中学教师写信给我,他说,这不对，郦道元说"水石相搏，声如洪钟"这个话大家都会相信的，因为他是个权威，怎么会常常怀疑他呢？"常"字是曾经那个意思的"尝"，《辞源》《辞海》以及《史记》他查了，那里面也曾把这个"常"字当作曾经的意思，也通"尝"。《汉书》也有这样的例子。那么在苏轼这篇文章中也应为"人人曾经怀疑过"，这不是更好吗？这位中学教师在那里讲通假，他认为"常"通"尝"。于是在中学教师中就辩论开了。有人说，你这个说服力不强，为什么呢？司马迁、班固那时候是一个时代，司马迁、班固借用"常"来表示曾经那个意思的"尝"是可以的，但是苏轼是宋朝人，唐宋时没有人把"常"当作"尝"用过，所以这个说法不能成立。他不服，就写信给我。这个问题就牵扯到一个滥用通假的问题。《中学语文教学》杂志准备发表我一封回信，我想要把这个问题拉远一点，讲到滥用通假，不单是回答这个问题。我同意另外一派人的说法，到了苏轼那个时代就再没有人把"常"假借为"尝"了。但是这样说还不够，还应该说明一个道理，即古人不写别字是正常的情况，写别字是不正常的现象。所以凡是不该认为通假也能讲得通的话，就应该依照平常的讲法，不要再讲什么通假，否则，就会造成错误。"人常疑之"——人们常常怀疑这种说法。这样讲为什么不好哇？就是"人们常常怀疑"嘛，为什么不对？为什么偏要讲通假呀？

我想应把反对滥用通假作为一个原则。因为近来接触到这些情况，发现这已变成一种风气，好像一讲通假就比较高明。这是受了乾嘉学派末流的影响。在清代乾嘉学派的末流中，有一个典型的人物就是俞樾，他喜欢讲通假，却常常是讲错的。举两个典型的例子，一个是《诗经·魏风·伐檀》第一章有那么一句话："不稼不穑，胡取禾三百廛兮？"第二章又有一句："不稼不穑，胡取禾三百亿兮？"第三章还有一句："不稼不穑，胡取禾三百囷兮？"我们中学语文课本就是采用俞樾的注法："廛，同'缠'，束（量词）。""亿，同'繶'。""囷，同'稇'。"都是讲成差不多的意思，即把它绑起来的意思。我们就感到奇怪了，本来通假是写别字，那么这个诗人文化水平就太低了，怎么三个地方都写别字啊？怎么那么巧哇？为什么他一定要写别字呢？特别是三百亿的那个"亿"字，《诗经》另外有很多地方，"亿"都指禾把的数目讲的，十万把禾叫做一个亿。三百亿，就是三百亿个禾把。别的诗人都这么用，为什么偏在这个地方写个别字呢？而这个别字通一个很偏僻的"繶"字，奇怪呀！为什么诗人摆着本字不用，去写个别字呢？这不可信。我们看郑玄等人怎么解释的呢？他们解释得很好。"三百廛"毛传："一夫之居曰廛。"就是说，一个农夫所住的地方叫做"廛"。后来孔颖达疏："胡取禾三百夫之田谷兮？"你不稼不穑，为什么取三百个农夫所收的谷物呢？这不是很好吗？不是讲通了吗？为什么要改为那个用绳子缠起来的"缠"呢？我们看那个"三百亿"，郑笺："十万曰亿，三百亿，禾秉之数。"十万叫做一亿（我们现在把万万叫一亿，古人是把十万叫作一亿），三百亿是禾秉之数，"禾秉"就是"禾把"，禾把的数目是三百亿。孔颖达疏："三百亿与三百廛、三百囷相类，故为禾秉之数。秉，把也。"我们再看看"三百囷"，毛传："圆者为囷。"圆的谷仓叫囷（方的谷仓叫仓）。陆德明的《经典释文》说："囷，圆仓。"那么，"不稼不穑，胡取禾三百囷兮？"很好懂嘛，你不种庄稼，怎么能够取到禾三百仓那么多呢？为什么一定要改为三百稛呢？三百个谷仓不是比三百稛还多得多吗？为什么要改呀？这就叫做滥用通假。

另外再举个例子，《庄子·养生主》，中学语文课本没有选，我主编的《古代汉语》选了，里面有一句话："技经肯綮之未尝，而况大軱乎？"我们看郭象是这样注的："技之妙也，常游刃于空，未尝经概于微碍也。"郭象注得很好。"技经肯綮之未尝"这个话有点倒装。"技"这里断一断，底下是"未尝经肯綮"。这意思是说，庖丁的技巧是很好的，庖丁的技巧妙在游刃于空，空隙的地方刀子进去了，却未尝经过那个骨头。那不是很好懂吗？后来成玄英疏："夫技术之妙，游刃尚未曾经。"也是同样的意思。技术很高明，他用的刀是走的空隙的地方，没有经过肯綮。俞樾说："郭注以技经为技之所经，殊不成义。"俞樾说，郭象把"技经"注为"技之所经"，这话是不通的。技术怎么能够说"经过"呢？这位老先生就不知道，古代汉语有些话不是那样解释的。郭象不是注得很清楚吗？不是技术经过，而是刀经过嘛，你就这样批评他！"技之所经"，这是你的话呀，不是郭象的话。接着俞樾解释道："技疑枝字之误。"他怀疑"技"字是"枝"字之误，他引了古书《素问·三部九候论》的话来加以证明："治其经络。"王注引《灵枢经》："经脉为里，支而横者为络。"古字"支"与"枝"通。他说古字"支"与"枝"通。说技术的"技"字，应该是"枝"字，而这"枝"字又通"支"。这个"枝"通"支"是没有问题的，问题就是你为什么说那个技术的"技"通"枝"字呢？这就大有问题了。《庄子·养生主》那篇文章就有几个"技"字，为什么那些个"技"字不改呢？而这个地方偏要改为"枝"字呢？你引的是唐朝王冰的注，唐朝人讲的话就算《庄子》时代的话了吗？本来好懂的，你偏要用通假的说法，反倒难懂了，并且也讲不通。我主编的《古代汉语》原来是依照俞樾那个说法来注的,最近我们在修订时,要把它改过来,还是要郭象那个原注,不依照俞樾的这个说法。俞樾的这个说法是不科学的。

有同志提出一个问题:苏洵《六国论》中"后秦击赵者再,李牧连却之"这句话的"再"字,中学语文课本的注解是"多次"的意思。但是查《史记》及其他参考书,在李牧防守边疆的时候秦是两次进攻,都被李牧击退,因此有的老师在教学中给学生讲"再"是"两次",这样解释是否正确?我认为老师这样解释是正确的。这也是历史观点的问题。这个"再"字,恐怕一直到宋代吧,都指两次,没有多次的意思,第三次就不能叫再了。所以老师把"再"字解释为两次,完全正确。甚至我们现代有些人还将"再"字的这种古义用在自己的研究文章中。比方说郭老(郭沫若)在讲甲骨文时就说某某字在甲骨文中再见。这就是说,某某字在甲骨文中见了两次。

总的来说,讲古代汉语的时候,要建立历史观点,要注意不要误用通假,也不要滥用通假,更不要望文生义。

二、关于教学的问题

刚才已经讲过了,讲学习问题就包括教学问题了。应该怎么学我们也应该怎么教，所以这个问题只是很简单地谈谈。

主要还是谈我主编的《古代汉语》的问题。我主编的《古代汉语》最近要修订，到外面去征求意见，有很多意见是宝贵的，但是，也有些意见我们没有接受。我们认为，我们的做法还是对的，这里我讲讲这些问题。

我主编的那部书有三个内容：文选、常用词、通论。有人就说应该把它分为三本书，一本是文选，一本是常用词，一本是通论。甚至有人说，我们的通论写语法写得太少了，写得很零碎。我认为，三结合这个办法是我们这本书所采取的较好的教学方法。如果分为三本书，那就变为三门课了，所以还是应该照原来的这个办法。现在香港把这部书改印成了三本，那是他们的事情，根本就没有征求我们的同意。

另外一个是关于文选的教学问题，到现在，我还认为我那个主张是对的，就是不要多讲什么时代背景啦，作者生平啦，甚至于还分析批判啦，我看这些是不必要的。要紧的是着重讲解课文，要把课文讲清楚。词汇是最重要的，要把词汇讲清楚，使学生不要误解，那就对了。现在我们这个中学语文课本里边，选了一些古文，有些讲的人却没讲清楚，使得一些学生写出半文不白的文章来，这是由于我们课本里讲了几篇现代文,又讲几篇古文,学生就不知道哪是古代的,哪是现代的,所以写出来的文章就半文不白,甚至于错误。前些日子我收到一封信,写信的人要寄钱给我,买一部《古代汉语》。信中说:"请你寄给寡人一部《古代汉语》。"由此可见,我们教古文一定要把词汇讲清楚,比如"寡人"这个词,就要给学生讲清楚,古代帝王才自称为"寡人"。我们讲课文,特别要在词汇方面讲清楚,要串讲。常常是一句话懂了,连起来就不懂,一个词懂了,整句话不懂。这个很重要。

关于常用词要不要教?常用词很多人都感到不好教。我说,学古代汉语有点像学外语,外语就要教学生认生字,我们教古代汉语也是要教学生认生字,这个字在古代特别是在上古的时候是什么意思,而且还要给他讲明跟现在不一样。所以我们教材里搞了常用词。但教的时候完全不是一般想象的那种教法。一般人的教法是,说这个常用词重要,要学生能够背得出来。甚至用来说明那个常用词的用法的有些例句不好懂,也要使学生完全懂。那样教就不行了。我们教常用词特别是要讲清古今不同的地方,以引起学生注意。那个例句不懂也没关系,要紧的还是懂那个词的意思,将来念别的文章,碰到同样的例子,他就懂得应该怎么解释,这就行了。不是要所有的都记住。有人说,现在已经编出《古汉语常用字字典》，有了字典，在《古代汉语》里就不要教常用词了。他不明白这是两样东西，作用不一样。字典，是当你念书不懂的时候你才去查字典，你以为懂了，就不查了。而我们讲常用词呢？是要说明，你以为懂吗，但是你不懂，你不懂我先告诉你，先提醒你，这个字是什么意思。比方刚才说的那个"再"字，在常用词里，只有两次的意思，如果我们没有教常用词，只说不懂就查字典，你看见这个"再"字决不会说不懂的，你会以为"再"字很好懂，结果按现代的"再"字去理解就错了。"羹"字也是这样子，看见"则幸分我一杯羹"的那个"羹"字，就认为懂了，你会查字典吗？所以常用词的作用就是先告诉你这个词是什么意思，你还不懂，现在你要懂。要不呢，你常常以为懂，其实是不懂。你自以为不会的，才去查字典，结果你就很容易出错误。所以这两个作用不一样。

关于通论的教学，通论的教学最重要的就是讲历史观点，讲古今的不同。特别要讲古今的小不同。大不同大家都会注意到，小不同就注意不到了，以为古今就是一样的。上面说过的"再"字，古代两次是"再"，现代三次也可以说"再"。这小不同一般人就不清楚。因此要特别强调这个"小不同"。比方说，眼睛的"眼"字，在上古汉语里，"眼"字跟"目"不是一回事。"眼"就是眼珠子，"目"是整个眼睛，"目"的范围大，"眼"的范围小，这些地方就有个历史观点的问题。因为在先秦两汉，特别是在先秦的文章里，注"眼"字非得注成"眼珠子"不可，但是到了唐代，要是再把"眼"字注成"眼珠子"，那就错了。这就要有历史观点了。元稹悼念他妻子的诗《遣悲怀》说"唯将终夜长开眼"，夜里睡不着，想他的爱人，他就说整个晚上都睡不着，常把眼睛睁开。这就不能解释为"眼珠子"了。时代不同啦，"长开眼"，"眼珠子"怎么还能睁开呢？所以特别要强调语言的时代性，通论里边就要强调这个东西。

有人埋怨我们那部书语法讲得太简单，又零散。为什么我们这样做呢？这牵扯到课程的目的性问题。这个课程，你想要解决什么问题呢？是要培养学生阅读古书的能力。刚才我说了，青年人不懂古书，主要问题不在于不懂古语法。有语法问题，那是很少很少的，主要问题是在词汇。所以少讲点语法是应该的。多讲有什么不好呢？多讲你就占用了别的时间，没有那么多时间嘛。况且已经学过现代汉语的语法了，古今的语法变化很小，词汇变化得最快。语法是富于稳定性的，所以我们就不用太强调全面地讲古汉语语法了，那同我们这个课程的目的不符合。有些学校还感觉到我们编的《古代汉语》那部书篇幅太大,四大本,教不完。那不要紧,我们编多了,少教可以,要是不够倒不好了,所以我们编的篇幅稍微大点,教的时候那当然可以少教。文选中那些长篇的文章就可以不教了。还有通论中关于古代文化常识的那部分也可以不教。这有两方面的麻烦:一方面,教师备课有麻烦;另外一方面,学生学起来也感到困难。此外,文化常识的作用也不是太大。所以,如果时间不够,可以首先把文化常识砍掉。

本文是作者1980年7月在天津市语言学会、南开大学、天津师范学院联合举办的学术报告会上的演讲。原载《天津师院学报》1980年第5期。

研究古代汉语要建立历史发展观点

我们研究古代汉语,要建立历史观点,要注意语言的社会性和时代性。

发展意味着变化。一切物质都是发展变化的,语言也不可能是例外。汉语有几万年的历史,由文字保存下来的语言材料,也有三四千年的历史。在这三四千年的漫长时期中,不知经历了多少变化。就语音方面说,现代汉语保存古代汉语的语音(指文字的读音)很少。就语法方面说,古代有些语法形式已经消失了,新的形式取代了旧的形式,并且加以发展,旧的事物不断消失,新的事物不断产生,不能不影响到旧词的消亡和新词的出现。今天为时间所限,我不能详细谈这些问题,只是就基本词汇的历史发展谈一谈。

一、词汇是怎样改变意义的

词,特别是常用词,是在不知不觉中改变了意义的。由于意义相差不远,所以常常被人们忽略了。语言学家把词义的演变分为三个类型:(1)扩大;(2)缩小;(3)转移。扩大是词义的外延扩大了;缩小是词义的外延缩小了;转移是词义由原来的概念转移到邻近的概念。

(1)扩大的典型例子是"江、河"。"江、河"原指长江、黄河,例如《论语·子罕》:"河不出图。"《孟子·滕文公下》:"水由地中行,江淮河汉是也。"后来一般河流都可以称为"江、河"。另一个例子是"器"字。"器"的本义是器皿(陶器)。《老子》:"埏埴以为器。"但是很早就扩大为一般的器具了。又一个例子是"狗"字。"狗"的本义是小狗。《尔雅·释畜》:"未成毫,狗。"郭注:"狗子未生毫者。"后来词义扩大了,泛指一般的狗。

就动词来说,也有词义扩大的情况。试举"洗、踢"二字为例。"洗"字本是专指洗脚。《礼记·内则》:"面垢燂潘请靧,足垢燂汤请洗。"《汉书·黥布传》:"王方踞床洗。"《郦食其传》:"沛公方踞床,令两女子洗。""洗"就是洗脚。《说文》:"洗,洒足也。"后来词义扩大为一般的洗涤、洗濯,例如杜甫《与任城许主簿游南池》:"晚凉看洗马，森木乱鸣蝉。"王建《新嫁娘》："洗手作羹汤。""踢"字的来源是"蹋"字，本来专指马踢。《庄子·马蹄》："夫马……喜则交颈相靡，怒则分背相蹋。"后来音变为"踢"，泛指一般脚踢，例如《水浒传》二十八回："抢将来，被武松一飞脚踢起，踢中蒋门神小腹上。"

（2）缩小的典型例子是"瓦"字。《说文》："瓦，土器已烧之总名。"《诗·小雅·斯干》："乃生女子，载弄之瓦。"毛传："瓦，纺砖也。"后来词义缩小为屋顶上的瓦。另一个例子为"子"字。"子"的本义为儿女的总称。《诗·卫风·硕人》："齐侯之子，卫侯之妻。"指女儿。后来专指儿子。又一个例子是"禽"字。《说文》："禽，走兽总名。"未妥，"禽"的本义应是猎获物。《易·卦》："田有禽。"《左传·宣公十二年》："使摄取奉麋献焉。曰：以岁之非时，献禽之未至，敢膳诸从者。"后来变为鸟兽的总称。《礼·曲礼上》："猩猩能言，不离禽兽。"华佗五禽戏有虎、鹿、熊、猿、鸟，最后才专指鸟类。

（3）转移的典型例子是"脚"字。"脚"的本义是胫（小腿）。孙子膑脚，是去掉膝盖，使两条小腿不能走路。膑脚和刖足不同。后来"脚"字变为"足"的同义词。

二、概念是怎样改变名称的

概念在语言中表现为词。某一概念在不同的民族语言中有不同的词,这是大家知道的。在同一民族里,某一概念在不同的历史时期也往往表现为不同的词,这一语言事实往往被人们忽略了。所以我在这里讲一讲概念是怎样改变名称的。

最主要的原因是:表示某一概念的词已经被用来表示另一概念,于是不能不找另一个词来表示它,例如《庄子·盗跖》:"比干剖心,子胥抉眼,忠之祸也。"《史记·刺客列传》:"(聂政)因自皮面决眼,自屠出肠,遂以死。"直到晋代还用这个意义,例如说阮籍"能为青白眼"。后来"眼"的词义扩大了,变为"目"的同义词,只好另找一个"睛"字表示眼珠子,例如唐张彦远《历代名画记》有这样一段话:

> 金陵安乐寺画四白龙,不点眼睛。云:"画睛即飞去。"人以为妄诞,固请点之。须臾雷电破壁,两龙乘云腾去上天,二龙未点眼者见在。

前面说"点睛",下面说"点眼",可见"睛"即是"眼",

也就是眼珠子。《三国演义》第十八回的题目是"夏侯惇拔箭啖睛",下文说:"惇大叫一声,急用手拔箭,不想连眼珠拔出。乃大呼曰:'父精母血不可弃也!'遂纳于口内啖之。"前面说"啖睛",后面说"眼珠",可见"睛"就是眼珠子。后来"眼睛"变为双音词,"睛"字不表示眼珠子,又只能找出一个新名称"眼珠子"来表示了。这样,"眼珠子"这个概念曾经两度改变了名称。

再举一个例子,就是走路这个概念,古人叫做"行";奔跑这个概念,古人叫做"走"。现在广东人还是这样说的。《孟子·梁惠王上》:"弃甲曳兵而走。"《庄子·大宗师》:"夜半有力者负之而走。"都是奔跑的意思。下面《战国策·楚策》一个例子最能说明"走"和"行"的分别:

> 虎求百兽而食之,得狐。狐曰:"子无敢食我也。天帝使我长百兽,今子食我,是逆天帝命也。子以我为不信,吾为子先行,子随我后,观百兽见我而敢不走乎?"

前面说"行",后面说"走",前后的词义是不同的。直到近代,"走"字才变为"行"的同义词。那么,"走"字原来奔跑的意义又用什么字表示呢?就用"跑"字。"跑"

字起源很晚。起初的时候"跑"是兽类前脚刨地的意思。今浙江杭州有虎跑泉。"跑"字读 páo，音转为 pǎo，表示奔跑。这样说来，走路的概念由"行"改称为"走"，同时，奔跑的概念由"走"改称为"跑"。词汇发展的线索是很清楚的。

概念改变名称的另一原因是委婉语。为了避免不吉利的话，人们改用一些代称。最典型的例子是死的概念。人们忌讳"死"，就用"亡、逝、没（殁）、徂（殂）"等字。"亡"的本义是逃走，讳"死"就说"他逃了"。《论语·雍也》："亡之，命矣夫！""没"的本义是沉没，讳"死"就说"他被淹没了"。《论语·学而》："父在观其志，父没观其行。""逝"的本义是"往"，讳"死"就说"他走了"。司马迁《报任安书》："则长逝者魂魄私恨无穷。""徂"的本义也是"往"，讳"死"也可以说成"徂"。《孟子·万章上》："放勋乃徂落。"《书·舜典》作"殂落"。《史记·伯夷列传》："吁嗟徂兮，命之哀矣。"

无论词汇改变了意义或概念改变了名称，都可以说是产生了新词。

这并不是说，有了新词，旧词就一定消失了。在文言词和成语里，它们还可以保存下来，与新词成为同义词，例如"江南、江左、待河之清、投鼠忌器、白眼、目不转睛、步行、人行道、日行千里、奔走相告、走马看花"。至于委婉语,只能在特定场合使用,更是不能取代旧词了。

三、语言的时代性

语言的时代性,对于古代汉语的研究是很重要的。某一个字,在上古时代是这个意义,到中古可能不是这个意义了。因此,用中古的意义去读上古的书,是错误的;用上古的意义去读中古的书,同样也是错误的,例如"眼"字,如果我读《庄子·盗跖》"子胥抉眼"以为就是"抉目",那是误解,因为伍子胥挖的是眼珠子,不是整个眼睛(目)。汉刘向《说苑》写作"抉目",可能是传抄之误。如果我读元稹《遣悲怀》诗"唯将终夜长开眼,报答平生未展眉",以为"眼"是眼珠子,同样也是错误的,因为眼珠子是不能开的。"开眼"译成上古汉语应该是"张目",而不能是"张眼"。

我问我的研究生,吃饭这个概念,上古汉语里怎么说,许多人回答不上来。说成"食饭"吗?不是的。"饭"字在上古汉语里只当动词用,不当名词用。《论语·述而》:"饭疏食,饮水。""饭疏食"是吃粗粮的意思。那么,能不能把"吃饭"译成"饭食(sì)"呢?那也不行。上古没有这种构词法。上古时代,人们把吃饭这个概念简单地说成"食（shí）"或"饭"（上声），例如《左传·成公二年》"余姑剪灭此而朝食。"《史记·廉颇列传》："廉将军虽老，尚善饭。"

既然上古汉语里"饭"字只用作动词，那么现在饭这个概念，上古又该怎么说呢？那就是"食"字，读去声（sì），例如《论语·述而》："饭疏食。"《论语·雍也》："一箪食，一瓢饮。"《孟子·梁惠王下》："箪食壶浆以迎王师。"

下面再举一些例子来说明语言的时代性。

（1）"羹"字。羹就是带汁的肉，所以其字从羔。旧《辞海》云："羹，羹汤之和以五味者。"新《辞源》云："羹，和味的汤。"新《辞海》云："羹，本指五味调和的浓汤，亦泛指煮成浓液的食品。"都是错误的。其错误在于把羹说成一种汤，其实应该说羹是一种肉。《尔雅·释器》："肉谓之羹。"古人用来就饭的菜肴往往只有一碗肉，那碗肉就叫做"羹"。《左传·隐公元年》："（颍考叔）有献于公，公赐之食，食舍肉，公问之。对曰：'小人有母，皆尝小人之食矣，未尝君之羹，请以遗之。'"前面说"肉"，后面说"羹"，可见"羹"就是肉。《后汉书·陆续传》："续系狱，见饷羹，知母所作。葱必寸断，肉方正，以此知之。"可见羹就是肉，这里是加葱调味的肉。穷人没有肉吃，就吃菜羹。菜羹就是煮熟的菜，加上米屑，用来就饭，也不是汤。《论语·乡党》："虽疏食菜羹，必祭。""菜羹"被解作小菜汤。《孟子·告子上》："一箪食，一豆羹，得之则生，弗得则死。"被解作"一筐饭，一碗汤"。这都是错误的。《史记·项羽本纪》："吾翁即若翁，必欲烹而翁，则幸分我一杯羹。"从前我以为刘邦只要一碗汤，其实也不是汤。

"羹"由于是带汁的肉，所以词义转移为汤。那是中古以后的事情了。王建《新嫁娘》诗："三日入厨下，洗手作羹汤。"大约唐代"羹"字已经解作汤了。《红楼梦》第三十五回："白玉钏亲尝莲叶羹。"那是新荷叶做的鸡汤。时代不同，"羹"的意义也就不同了。

（2）"睡"字。《说文》："睡，坐寐也。""睡"的本义是坐着打瞌睡的意思。《左传·宣公二年》："盛服将朝，尚早，坐而假寐。""假寐"是不脱衣而睡的意思。"坐而假寐"就是坐着打瞌睡的意思。《战国策·秦策》苏秦"读书欲睡，引锥自刺其股，血流至足"。《史记·商君列传》："孝公既见商鞅，语事良久，孝公时时睡，弗听。"《汉书·贾谊传》："将吏披介胄而睡。"这些都是打瞌睡的意思。直到中古时代，"睡"字才变为一般的睡觉。杜甫《茅屋为秋风所破歌》："自经丧乱少睡眠。"《彭衙行》："众雏烂漫睡,唤起沾盘飧。"这些再也不是打瞌睡了。这就是"睡"字的时代性。

(3)"红"字。《说文》:"红,帛赤白色。"赤白色就是红和白合成的颜色,也就是粉红。上古时代,红色不叫"红",叫"赤"。红不是正色,而是间色(杂色)。《论语·乡党》:"红紫不以为亵服。"《文心雕龙·情采》:"正采耀乎朱蓝,间色屏于红紫。"紫是青赤色,也不是正色。所以红紫都在摒弃之列。到了中古时代,"红"变为"赤"的同义词。杜甫《北征》诗:"或红如丹砂,或黑如点漆。"那该是大红,而不是粉红了。这就是"红"字的时代性。

(4)"青"字。上古所谓"青",就是蓝色。《荀子·劝学》:"青取之于蓝而青于蓝。"蓝,指染料蓼蓝。可见青就是蓝,不是绿。有的字典把"青"字解作"蓝色或绿色",是不对的。青和绿不同。我们说"青青河畔草",又说"年年春草绿"。这是季节不同,春天的嫩草是绿的,后来才变为青的。青是五色之一,所以是正色。绿是青黄色(见《说文》),即蓝和黄合成的颜色。上文所引《文心雕龙》"正采耀乎朱蓝",朱、蓝都是正色,也就是赤和青。到了近代,"青"也表示黑色,例如京剧的角色有青衣(黑衫)。这就是"青"字的时代性。

总之,语言的时代性是非常重要的。某一时代某一个词还没有这种意义,即使这样解释可以讲得通,也不可以这样讲,例如《荀子·劝学》:"假舟楫者,非能水也,而绝江河。""江河"虽可解作一般的河流,仍旧应该讲成长江黄河(这里代表一般河流)。《史记·淮阴侯列传》:"时乎时,不再来。"与其解作"时机不再来一次",不如解作"时机不会来两次"。因为上古时代"再"字只能当两次讲。

四、语言的社会性

语言是社会的产物,个人不能创造语言。如果解释一个词的意义,而这种意义只是一次见于某一部分或某一篇古文,这个解释就是不可信的。数年前,我看见一本词典稿,其中的"信"字有一个义项是"旧社会的媒人"。举的例子是《孔雀东南飞》:"自可断来信,徐徐更谓之。"别的书中"信"字都没有当媒人讲的,唯独《孔雀东南飞》的"信"字当媒人讲,谁看得懂?余冠英先生注:"断来信就是拒绝来使,指媒人。"这样解释就对了。

近人喜欢讲通假,通假说常常出毛病。清代的俞樾喜欢讲通假,而他所讲的往往是不可信的,例如他说《诗·魏风·伐檀》:"不稼不穑,胡取禾三百廛兮?""不稼不穑,胡取禾三百亿兮?""不稼不穑,胡取禾三百囷兮?"其中"廛"应是"缠"的假借字,"亿"应是"繶"的假借字,"困"应是"稛"的假借字。我们要问,正字是正例,为什么这样巧,三处都用了假借字呢?"繶"是僻字,并且是彩丝的意思,为什么忽然变了一个量词呢?"亿"假借为"繶",谁听得懂呢?又如《庄子·养生主》:"技经肯綮之未尝。"俞氏以为"技"是"枝"字之误,"技经"是枝脉、经脉的意思。《养生主》还有几个"技"字("技盖至此乎、进乎技矣"),为什么别的"技"字都不错,只有这个技字错了呢?把枝脉经脉说成"枝经",谁看得懂呢?过去我们在《古代汉语》里讲《庖丁解牛》时曾采用俞氏的说法,后来才修正了我们的错误。

总体来说,研究古代汉语要建立历史发展观点。要注意语言的时代性和社会性。把语音、语法、词汇三方面的历史发展研究好了,就是一部汉语史。今天只就词汇方面讲一讲,讲得不深不透,只是从研究方法上讲了一些。希望同志们掌握这个方法,学起古代汉语就容易了。

> 本文是作者1983年5月5日在安徽省语言学会上的讲话。原载《语言与语文教学》,安徽教育学院编印,1983年。

漫谈古汉语的语音、语法和词汇

我今天讲的题目是"漫谈古汉语的语音、语法和词汇"。所谓漫谈，就是随便谈一谈。

我们学习和研究古汉语的目的，主要是为了培养学生阅读古书的能力，并不是为了教大家写文言文。那么，怎样培养阅读古书的能力呢？我经常说，要建立历史观点。什么叫历史观点呢？就是利用历史发展的观点研究古汉语的语音、语法和词汇。现代汉语是从古代汉语发展来的，现代汉语和古代汉语在语音、语法和词汇方面有些是相同的，有些是不同的。因此，我们研究古代汉语就要知道，什么是古代汉语有而现代汉语没有的，什么是现代汉语有而古代汉语没有的，不能把时代搞错了。不同的时代，语音、语法和词汇三方面都有很多不同。下边分三方面来讲：

首先讲语音问题。古代汉语语音，跟现代汉语语音有很多不同，就是上古时代的语音跟中古时代的语音也有很多不一样的地方。这就是说语音不是一成不变的，而是在不断发展变化着。但是语音的发展变化不是杂乱无章的，而是很有系统地很有规律地发展变化着。我们研究古代汉语就要知道些古音知识。这样，古代汉语中的有些问题才容易理解。我们不要求照古音来读古书，那样做，一是不容易，二是没必要。我们只要求知道古代读音与现代读音不同，比如有些诗歌，现在念起来很不顺口，不押韵，但用古音来念就押韵，就很顺口。所以我们学习和研究古代汉语，要有一些古音的知识。今天我们不谈上古的语音，只谈中古的语音，也就是唐宋时代的语音，或唐诗宋词的读音。我举两首诗来说明这个问题，这两首诗都是大家熟悉的，一首是杜牧的《山行》：

远上寒山石径斜，白云生处有人家。
停车坐爱枫林晚，霜叶红于二月花。

如果用现代普通话来念，"家、花"可以押韵，"斜"和"家、花"就不押韵了，而它是平声字，应该是入韵的。是不是杜牧作诗出了错误呢？不是的。这是因为现代读音跟唐宋时代的读音不一样了，语音发展了。我们有些方言，读起来就很押韵,比如苏州话,"斜"音[zia],就可以和"家、花"押韵了。这说明苏州话"斜"的读音接近唐宋时代的读音。另外一首是宋人范成大的《田园四时杂兴》之一:

> 昼出耘田夜绩麻,村庄儿女各当家。
> 童孙未解供耕织,也傍桑阴学种瓜。

照北京话来念,"麻、家、瓜"是押韵的,这说明这几个字北京话的读音比较接近唐宋时代的音。如果用苏州话来念,"麻"和"瓜"还是押韵的,"家"和"麻、瓜"就不押韵了。北京人念杜牧那首诗,"斜"与"家、花"不押韵,苏州人念这首诗,"家"与"麻"不押韵,可见要读懂唐宋诗词,须要有些古音的知识。如果懂得了平水韵,懂得了唐宋古音,就不会有不押韵的感觉了。还有一个平仄问题,写诗要讲究平仄,所谓平,就是平声;所谓仄,就是上、去、入三声,苏州话有入声字,北京话没有入声字。古代的入声字,在现代北京话中分派到阴平、阳平、上声、去声中去了。这样,北京人遇到在古代读入声而现在读阴平、阳平的字,就不易分辨了,比如刚才范成大那首诗中"童孙未解供耕织"的"织",北京话读阴平,这就不对了,这句诗应该是平平仄仄平平仄,"织"字所在的位置不应该用平声字,所以北京话"织"字读阴平就与古音不合了,"织"字在古代是个入声字,这样就合平仄了。所以说,我们应该懂一些古音的知识。当然,要透彻地了解古音,是不容易的,但是学习古代汉语总要有一些古音的基本知识。

其次讲语法问题。古今语音变化很大,语法的变化就小得多。因此,古代的语法,也比较好懂。但是,也有困难的地方。有些语法现象好像古今是一样的,其实不一样。我常对我的研究生说,研究古代语法,不能用翻译的方法去研究,不能先把它翻译成现代汉语,再根据你翻译的现代汉语去确定古代汉语的结构。我们不能用翻译的方法去研究古代汉语语法,就跟不能用翻译的方法去研究外语语法一样。用翻译的方法去研究古代汉语是很危险,很容易产生错误的。因此,这种研究方法是一种错误的研究方法。现代汉语有所谓包孕句,上古汉语没有这种包孕句,而上古汉语有一种"之"字句,即在主语和谓语之间有一个"之"字,如:

不患人之不己知,患不知人也。(《论语·学而》)

"人之不己知"不是包孕句中的子句，而是名词性词组，它们所在的句子也不是复句式的包孕句，而是一个简单句。如果把它翻译成现代汉语，"之"字不翻出来很顺畅，"不怕人家不了解自己"；如果"之"字翻译成"的"字，"不怕人家的不了解自己"，就很别扭。这就说明，在上古汉语中，这个"之"字必须有，有这个"之"字句子才通，没有这个"之"字就不成话，而现代汉语中，没有那个"的"字才通畅，有了那个"的"字，就不通了。这就是古今汉语语法不同的地方。

　　这种"之"字，《马氏文通》里没有提到，后来好像很多语法书也不怎么提。我在《汉语史稿》中特别有一章，叫做"句子的仂语化"。"仂语"就是我们现在叫的"词组"。所谓仂语化，就是说，本来是一个句子，有主语，有谓语，现在插进去一个"之"字，它就不是一个句子了，而是一个词组了。后来南开大学有一本教材，大概是马汉麟编的，称这种结构叫"取消句子的独立性"。这就是说，它本来是一个句子，现在插进了一个"之"字，就取消了它的独立性，就不是一个独立的句子形式了。叫"句子的仂语化"也好，叫"取消句子的独立性"也好，都有一个前提，就是承认它本来是一个句子，后来加"之"字以后，被"化"为仂语了，被"取消"独立性了。这种说法对不对呢？最近我重写汉语史，写到语法史的时候，碰到了这个问题，重新考虑了这个问题，感到从前的说法是片面的，甚至是不对的。为什么不对呢？因为这种"之"字句在上古汉语中是最正常的最合乎规律的。这种"之"字，不是后加上去的，是本来就有的，没有这个"之"字，话就不通，那怎么能叫"仂语化"呢？不是"化"来的嘛，也不是"取消句子的独立性"。所以那么叫，是因为先把它翻译成现代汉语了，在现代汉语中那个"的"字是不必要的，于是就以为古代汉语的那种"之"字也是加上去而使它成为一个词组的。这种"之"字结构，就是一个名词性词组，这种"之"字的作用，就是标志着这种结构是一个名词性词组。这种"之"字结构可以用作主语、宾语、关系语和判断语，下边我举几个例子：

> 民之望之，若大旱之望雨也。(《孟子·滕文公下》)
> 纣之去武丁未久也。(《孟子·公孙丑上》)
> 知虞公之不可谏。(《孟子·万章上》)
> 君子之至于斯也，吾未尝不得见也。(《论语·八佾》)

第一个例子，"民之望之"作判断句的主语，"大旱之望雨"作判断句的判断语；第二个例子，"纣之去武丁"作描写句的主语；第三个例子，"虞公之不可谏"作叙述句的宾语；第四个例子，"君子之至于斯也"作关系语，表示时间。这里的"之"字都不能不要，不要这个"之"字就不合上古语法了。

与"之"字句起同样作用的是"其"字句。"其"字是代词，但这个代词总处于领位，因此，"其"字等于"名词+之"。有人用翻译的方法定"其"字就是现代汉语中的"他"字，这是错误的。古汉语中的"其"字，跟现代汉语中的"他"字在语法上有很多不同。"其"字永远不能作宾语，从古代汉语到现代汉语，都不能把"其"字当宾语用。我二十七岁要去法国，买了一本《法语入门》，这本书把法语的 Je l'aime（我爱他）翻译为"我爱其"，就非常错误。这本书的作者，法文程度很好，中文程度就很差了。"其"字能不能当主语呢？从前有些语法学家以为"其"字可以充当主语，这是一种误解。黎锦熙先生在《比较文法》中承认"其"字可以充当子句的主语，但他有一段很好的议论，他说："马氏又分'其'字用法为二：一在主次，二在偏次。实则'其'字皆领位也。""其"字不是只等于一个名词，而是等于"名词+之"，所以只能处于领位，不能处于主位。下边举几个例子来看。

例一:《论语·学而》:"其为人也孝弟,而好犯上者鲜矣。""其为人也孝弟"译成现代汉语是"他为人孝弟",那么"其"字不等于主语了吗?刚才说了,这种翻译的研究方法是一种错误的研究方法,古代汉语的"其"字不同于现代汉语的"他"字。这个句子的主语是"其为人",谓语是"孝弟"。"其为人"等于"某之为人",是一个名词性词组,这个名词性词组作主语,不是"其"字作主语。

例二:《论语·阳货》:"孔子时其亡也而往拜之。"这句话的意思是孔子窥测阳货不在家的时候去拜访他。"其亡"是"阳货之亡",是一个名词性词组,作动词"时"的宾语。

这种"其"字结构和"之"字结构有同样的作用,它们都是一个名词性词组。我在重新写的语法史里举了很多的例子,大家可以看。

有时候,"之"字和"其"字交互使用,这更足以说明"其"等于"名词+之"。举两个例子:

例一:《论语·泰伯》:"鸟之将死,其鸣也哀;人之将死,其言也善。""鸟之将死"用"之","其鸣也哀"用"其",这里的"其"字等于"鸟+之","其鸣也哀"就是"鸟之鸣也哀"。为什么用"其鸣"而不用"鸟之鸣"呢?因为前边已经说了"鸟之将死",后边再说"鸟之鸣也哀",

就重复了，不如后边的"鸟之"用代词"其"表示更精练。"人之将死，其言也善"情况相同。

例二：《庄子·逍遥游》："水之积也不厚，则其负大舟也无力。""其负大舟"就是"水之负大舟"。因为前边用了"水之积"，后边的"水之负大舟"的"水之"就可以用"其"字代替了。

从上边"其"字和"之"字交互使用的情况看出，"其"字决不是一个"他"字，而是包括了"之"字在里边，它是"名词+之"，因此，它不能用作宾语，也不能用作主语，只能处在领位。

古代的"之"字句、"其"字句，其中的"之"字是必需的，不是可有可无的。现代汉语中没有这种句式，我们不能把这种"之"字翻译成现代汉语的"的"字，也不能把"其"字翻译成"他的"或"它的"，如"水之积也不厚"不能译成"水的积蓄不多"，"其负大舟也无力"也不能译成"它的负担大船无力"。从前我们编《古代汉语》说这些"之"字可以不译出，这种说法不够好，不是可以不译，而是根本不应该译，因为现代没有古代的那种语法。

最后，讲词汇问题。先举两个例子：头一个是"再"字。上古的"再"字，是两次、第二次的意思，这个意思一直用到宋代以后。这不同于现代"再"字的意思。古代"再"字只作"两次、第二次"解,"第三次"就不能用"再"了。数目字作状语,"一次"可以用"一","三次"可以用"三","六次"可以用"六","七次"可以用"七",如:"禹三过其门而不入。""诸葛亮七擒孟获,六出祁山。"唯独"两次"不能用"二",必须用"再",如:"一鼓作气,再而衰,三而竭。"古书这样的例子很多,比如《易·系辞》:"五年再闰。"就是五年之内有两次闰月。《史记·孙子吴起列传》:"一不胜而再胜。""再胜"就是赢两次。"再"字作"又一次"讲,产生得很晚,现在还没有研究清楚到底在什么时候。再举一个例子,"稍"字在古代是逐渐的意思,而不是现代的稍微的意思,比如《史记·魏公子列传》:"其后稍蚕食魏。""稍蚕食魏"就是"逐渐地像蚕吃桑叶那样来吃魏国"。"稍"表示的是一步一步地吃,而不是稍微吃一点,所以下文才有"十八岁而虏魏王,屠大梁"。"虏魏王,屠大梁"是渐渐地吃的结果,如果只是稍微吃一点,就不会产生这种结果了。又比如《史记·绛侯世家》:"吏稍侵陵之。""稍侵陵之"就是一步一步地欺负他,绛侯周勃很忠厚,他属下的人就得寸进尺,一步步地欺负他。不能说成"稍微欺负",那不成话。又比如,苏轼有一句诗,"娟娟云月稍侵轩",它的意思是美好的月光渐渐地照进窗户。因为月亮是移动的,所以是一步一步地照进窗户，不是一下子都照进来了，也不是只稍微照进来一点，要是那样，就没有诗意了。

从上面举的例子可以看出，我们学习古代汉语，就是要准确地掌握古代汉语的词义。一个词，在古代汉语中的意义与在现代汉语中的意义是不相同的，不能用现代汉语的词义去解释古代汉语的词义，比如上边讲到的"再"字、"稍"字，如果就现代汉语的意义去解释，那就错了。古汉语中有些看起来很浅的字，最容易出错误。比较深的字会去查字典，问老师；很浅的字，以为自己懂了，实际上不懂，这就容易理解错了。所以我们有一个搞古代汉语的同志说，学习和研究古代汉语，主要是词汇问题，这话是有道理的。

> 本文是作者1982年11月5日在苏州铁道师范学院的讲演，由唐文先生整理，原载《苏州铁道师范学报》（社会科学版）1984年第1期。后载《谈谈学习古代汉语》，山东教育出版社1984年，有改动。

训诂学上的一些问题

　　为着发展祖国的文化,我们必须批判地继承历史文化遗产,吸收其中一切有价值的东西。而要批判地继承历史文化遗产,就必须先读懂古书。现在高等学校文科许多专业所订的教学方案中,都以"能阅读中国古籍""能够阅读一般古籍""能阅读中国古典哲学文献"等作为培养目标之一。古籍的注释工作,越来越显得重要了。注释上的问题,牵涉的面很广,不仅是语言的问题,而且还牵涉到各方面的专门知识,所以古籍的注释工作应该由各方面的专家们担负起来。在自然科学中,有关天文、数学、生物学、医学等古籍,当然由自然科学家来注释;在哲学、社会科学中,有关文学、史学、哲学的古籍,也应该由文学专家、史学专家、哲学专家来注释。但是其中有一个共同的问题,就是语言问题。必须正确地了解古人的语言,我们所作的解释才是正确的，否则即使把句子讲通了，也可能只是注释人自己的意思，而不是古人的原意。因此，训诂学的重要性，就被提到日程上来了。

训诂学是中国很古老的一门学问。前人把小学分为文字、音韵、训诂三个部门，而训诂一门则以讲述故训为目的。训诂一类的书有一个共同的特点，就是搜集和保存故训，很少参加作者的意见。到了清代，训诂学稍稍超出了故训的范围，也就是注意到文字、声韵、训诂三方面之间的联系。按照现代的科学系统来说，训诂学是语文学的一个部门，它是从语言角度去研究古典文献的。

训诂学有它的巨大的成就，但也存在着一些缺点。清代有些学者不甘心墨守训诂学的成规，从古音通假等方面对古籍进行研究，获得了不少新的成就，但也引起了不少的流弊。自从胡适提出了"大胆假设，细心求证"的实用主义观点，许多人受了他的影响，抛弃了清代学者朴学的优点，而在前人主观臆测的缺点上变本加厉，以达到实用主义的目的。于是大禹变成了一条虫，墨子变成了印度人！训诂学上的实用主义，至今没有受到应得的批判。

在这一篇文章里，不可能全面地讨论训诂学上存在的问题，也不是专门批判训诂学中的实用主义，只是把我最近在工作中产生的一些感想，随便提出来谈谈。我觉得，古籍中的注释虽然是零碎的，但是也往往表现着注释家的学术观点特别是治学方法。所以值得提出一些原则性的问题来讨论。

一、新颖可喜还是切合语言事实

从前常常听见说某人对某一句古书的解释是新颖可喜的。其实如果不能切合语言事实，只是追求新颖可喜的见解，那就缺乏科学性，"新颖"不但不可喜，而且是值得批评的了。当然每一位持"新颖可喜"的见解的注释家，都不会承认自己是不根据语言事实，而是凭空臆测的，但是他们的根据是那样站不住脚，甚至仅仅是语音的偶合，那就不能不令人感到遗憾了。举例来说，《诗经》里面有许多难懂的句子。从前的经学家为了维护地主阶级的统治，对《诗经》进行了歪曲，连句子也加以曲解。现在这种歪曲可以说是已经被廓清了，再也没有人相信《关雎》是颂扬后妃之德、《柏舟》(《鄘风》)是颂扬寡妇守节的诗了。但是，虽然破得相当彻底，立起来还有困难。主要的原因是研究《诗经》的学者们往往着意追求新颖可喜的意见，大胆假设，然后以双声叠韵、一声之转、声近义通之类的"证据"来助成其说。《诗经》以外，对别的古书在不同程度上也有类似的情况。假定这种研究方法不改变，我们试把十位学者隔离起来,分头研究同一篇比较难懂的古典文章,可能得到十种不同的结果。可能这十种意见都是新颖可喜的,但是不可能全是正确的。其中可能有一种解释是正确的,因为它是从语言出发去研究的;但是也可能十种解释全是错误的,因为都是先假设了一种新颖可喜的解释,然后再乞灵于一声之转之类的"证据",那么,这些假设只能成为空中楼阁了。就一般情况说,这些新颖可喜的解释往往得不到普遍承认,聚讼纷纭,谁也说服不了谁。有时候,也有相反的情况,由于某一位学者的声望较高,他的新说得到了学术界多数人同意,差不多成为定论了,但是这种情况并不一定是好事。我们追求的是真理,而不是简单地要求学术界对某一个问题赶快作出结论。如果在训诂学上没有充分的科学根据,所谓定论也是建筑在沙滩上的。

二、从思想上去体会还是从语言上去说明

语言是代表思想的。我们读古人的书,必须很好地体会古人的思想。但是,当我们阅读一本古书的时候,是应该先体会古人的思想呢,还是应该先弄懂古人的语言呢?这个先后的分别非常重要,这是有关方法论的问题。古人已经死了,我们只能通过他的书面语言去了解他的思想;

我们不能反过来，先主观地认为他必然有这种思想，从而引出结论说，他既然有这种思想，他这一句话也只能作这种解释了。后一种做法有陷于主观臆测的危险。有人说，现在研究老子的人，如果他认为老子是唯物主义的，他所注释的《老子》就变成了一个唯物主义的老子；如果他认为老子是唯心主义的，他所注释的《老子》就变成了唯心主义的老子。这句话也有几分道理。一般人把某些想当然的解释说成是断章取义，其实在多数情况下并不是什么断章取义，而是有意无意地曲解古人的语言，使它为自己的观点服务。这样，即使把古书"讲通"了，也不过是现代学者自己的意思罢了。

上面就整个思想体系来说的。至于就文章的逻辑性来说，情况也是一样。就一篇文章来说，前后的思想有没有它的连贯性呢？连贯性肯定是有的。但是连贯性有各种不同的方式，你猜想应该是这样连贯的，古人也可能是那样连贯的。脱离了语言的正确了解而去体会文章思想的连贯性，就会见仁见智，莫衷一是。

总之，当我们读古书的时候，所应该注意的不是古人应该说什么，而是古人实际上说了什么。如果先主观地肯定了古人应该说什么，就会想尽各种方法把语言了解为表达了那种思想，这有牵强附会的危险；如果先细心地看清了古人实际上说了什么,再来体会他的思想,这个程序就是比较科学的,所得的结论也是比较可靠的。

三、"并存"和"亦通"

人们在注释古书中某些难懂的字句的时候,往往引用了两家的说法,再加上一句"今并存之",或"此说亦通"。我们可以把这些情况称为"并存论"和"亦通论"。并存论显然是一种客观主义的态度。注释家不愿意表示自己的意见,所以并存两说,以供读者参考。有些集解、集释、集注之类,也是罗列各家的解释,自己不置可否。这种做法,如果读者对象是一些专家们,那是未可厚非的,因为罗列了材料也是一种贡献;如果对象是一般读者,这种客观主义态度是值得批评的,因为两说不可能都是对的,注释家应该拿出自己的意见来,即使是不十分肯定的意见,表示一点倾向性也好。注释家总比一般读者的阅读水平高些,有责任把读者引导到比较正确的路上去。最糟糕的是亦通论,这等于说两种解释都是正确的,随便选择哪一种解释都讲得通。这就引起这么一个问题:到底我们所要求知道的是古人应该说什么呢,还是古人实际上说了什么呢?如果是前者,那么不但可以并存,而且可以亦通,因为两种解释可能并不矛盾,在思想内容上都说得过去;如果是后者,那么,亦通论就是绝对荒谬的,因为古人实际上说出了的话不可能有两可的意义。真理只有一个:甲说是则乙说必非,乙说是则甲说必非。注释家如朱熹等,他们可以采用亦通的说法,因为理学家的目的只在阐明道理,只要不违反他们的道理,都可以承认它亦通。我们如果要求知道古人实际上说了什么,那就必须从两种不同的解释当中作出选择,或者是从训诂学观点另作解释,决不能模棱两可,再说什么"并存"和"亦通"了。

四、语言的社会性

语言是社会的产物;词的意义是被社会所制约着的。远在两千多年以前,《荀子》就说过:"名无固宜,约之以命。约定俗成谓之宜,异于约则谓之不宜。"(《正名篇》)任何个人都不能创造语言。如果作家用一个词,用的不是社会一般所接受的意义,读者就看不懂,语言在这里就失掉它的作用。固然,在语言中也有新词新义的形成,我们也承认语言巨匠们能创造新词,但是,那也不是偶然的。第一,必须有旧的词根(或词素)作为新词的基础;第二,必须为社会群众所接受,让它进入全民词汇的仓库里。因此,即使是新词新义,也必然是具有社会性。如果某词只在一部书中具有某种意义,同时代的其他的书并不使用这种意义,那么这种意义是可怀疑的。如果某一作家多次使用这个词义,虽然别的作家不用它,还可以设想是方言的关系。如果我们所作的词义解释只在这一处讲得通,在别的书上再也找不到同样的意义,那么,这种解释一定是不合语言事实的。作家使用这种在社会上不通行的词义,只能导致读者的不了解,为什么不用一个能为社会所接受的词呢? 实际上,作家并没有使用这个词义,而只是注释家误解罢了。举例来说,《左传·庄公十年》所载《曹刿论战》有这样一段话:"齐师伐我,公将战。曹刿请见。其乡人曰:'肉食者谋之,又何间焉?'"有一部书把"间"字解释为"补充或纠正"。这种解释也许是讲得通的。但是上文说过,问题不在于是否讲得通,而在于是否合乎语言事实。《左传》用"间"字共八十一处,其他八十处都不当"补充、纠正"讲,除《左传》外其他先秦两汉的古书的"间"字也不当"补充、纠正"讲,左丘明在这里不可能忽然为"间"字创造一个新义,因为这样的"创造"谁也不会看得懂。作为一个原则,注释家不会反对语言的社会性。但是,在实践的过程中,注释家却往往忽略了这个重要的原则。

五、词义是不是由上下文决定的

法国语言学家房特里耶斯说过:"确定词的价值的,

是上下文。"① 这句话我们是可以同意的，因为他在下文接着说："尽管词可能在意义上有各种变态，但是上下文给予该词独一无二的价值；尽管词在人的记忆中积累了一切过去的表象，但是上下文使它摆脱了这些过去的表象而为它创造一个现在的价值。"②

一词多义，这是词汇中的普遍现象。所谓一词多义，是指它在词典中的价值说的；到了一定的上下文里，一个词只有一个独一无二的意义。在这种情况下，我们可以说，词义是由上下文确定的。岂但多义词，即使是独义词，在不同的上下文中，它的词义也会产生不同的色调。我们不能否认：词在上下文中，才真正体现了它的明确的价值。但是跨过真理一步就会变成谬误。如果认为词到了一定的上下文中才临时产生一种意义来适应上下文，那就不对了。

一词多义，无论多到什么程度，总不能认为词无定义。何况所谓多义词也不会像一般人所想象的那样多，那样杂乱无章。大家知道，多义词一般总有一个基本意义，其他意义都从这个基本意义引申出来，而且在同一时代不会有太多的意义。实词如此，虚词也如此。例如杨树达的《词诠》在"于"字下面罗列了二十个意义，那是用现代汉语

---

① ② 房特里耶斯《语言论》法文本，第211页。

去翻译后所得的幻象，实际上是不会这样复杂的。更重要的是：一个词即使有很多的意义，我们也不能说，词在独立时没有某种意义，到了一定的上下文里却能生出这种意义来。

仍以"间"字为例。依《说文》，"间"本作"閒"。"閒"字的基本意义是间隙，其他意义（除假借义外）都是由这个基本意义引申出来的。段玉裁说得好："閒者，隙之可寻者也，故曰閒厠，曰閒迭，曰閒隔，曰閒谍。"① 《左传·曹刿论战》"又何间焉"的"间"，其实就是间厠的"间"。杜预注："间，犹与也。"《经典释文》："间，间厠之间。"孔颖达疏："间谓间杂，言不应间杂其中而为之谋，故云'间犹与也'。"杜注所谓"与"就是参与，参与实际上是厠身其间。毛主席在《中国革命战争的战略问题》一文中引用了《左传》这一篇文章②，《选集》的注释说："'又何间焉'是'何必厠身其间'的意思。"③ 这个注释跟上文所引那个注释（解作"补充或纠正"）比较，真是鲜明的对比：一个是就原词的意义本身作出注解的，是正确的；一个是简单地让上下文来决定词义的，是错误的。

---

① 段玉裁《说文解字注》"閒"字条。
② 《毛泽东选集》第一卷，第二版，第197—198页。
③ 同上书，第235页。

古人望文生义的情况较少，因为他们一般总是遵守故训的；近人望文生义的情况较多，甚至在字典辞书中也在所不免，例如《辞海》"摧"字下有一个意义是："犹悲也。司马光诗：'空使寸心摧。'"其实"寸心摧"的"摧"也就是"摧折"的比喻用法，不应该另立一个意义。否则就使青年人误入迷途了。

总之，我们只应该让上下文来确定一个多义词的词义，不应该让上下文来临时决定词义。前者可以叫做因文定义，后者则是望文生义。二者是大不相同的。因文定义是此词本有此义，我们不但在这个地方遇着它，而且在别的许多地方也经常遇着它，例如"间"字解为"间厕"，不但在《左传·曹刿论战》中讲得通，在别的许多地方也都讲得通，这就合于语言的社会性原则。至于望文生义，那是此词本无此义，只是从上下文推测它有这个意义，我们只能在这个地方遇着它，在别的地方再也遇不着它，例如"间"字解为"补充"或"纠正"，只在《左传·曹刿论战》这一个地方似乎讲得通，在别的地方这个意义全用不上，这就不合乎语言的社会性原则，这种解释是错误的。

因文定义比较有客观标准，各家注释容易趋于一致；望文生义则各逞臆说，可以弄到言人人殊，莫衷一是。因文定义和望文生义是学术观点方法上的分歧。要划清二者之间的界限，就要有训诂学的修养。

六、僻义和常义

人们在读古书遇见难懂的字句时，一般总是查字典来解决。人们查字典，看见了一个字有许多意义，往往有下列两种情况：不是不知所从，就是主观地选择一个自己认为适合于这一段上下文的词义。不知所从自然解决不了问题；但是胡乱选择一个词义也不见得妥当，有时候反而引起误解。

注释家们查字典，和一般人不同。他们可能查《说文》《尔雅》《广雅疏证》《经义述闻》《经传释词》《群经平议》《经籍纂诂》等（有些已经超出了字典的范围）。但是，问题的性质是一样的。如果没有训诂学的修养，就会不知所从，或者是主观地选择一个自己认为适合于这个上下文的词义，而其实是错误的。

这里关系到僻义和常义的问题，同时也关系到语言的社会性的问题。

从语言的社会性来看，语言的词汇所表达的，应该都是经常的意义，而不是偏僻的意义。一句话中用了僻词僻义，就在一定程度上妨碍了思想的交流，妨碍了交际；如果僻词僻义用得多了，就变成不可懂的语言，失掉语言的作用了。那么，为什么语言中还存在着一些僻词僻义呢？除了方言和行业语之外，主要是那些过时了的词和意义还残存在语言里，或者在不自由的组合中出现，或者在仿古主义者的笔下出现。这种僻词僻义在语言中毕竟占极少数，如果拿它们来和常用的词义等量齐观，那就是错误的。假定一个词有十个意义（严格说起来不会那么多），在同一时代和同一语言区域中，只有少数意义是常用的意义，其他就都是僻义，其中有些僻义还是不大可信的。我们在注释一句古书的时候，除非有了绝对可靠的证据，否则宁可依照常义，不可依照僻义。依照僻义，曲解的危险性是很大的。

此外还有一种情况，连僻义也谈不上。那就是：字书中虽然说某词有某种意义，但是在古人的著作中无从证实，例如《说文》："殿，击声也。"又如《广雅·释言》："乡，救也。"根据语言的社会性原则，在这种情况下，我们宁愿不相信字书。

七、关于古音通假

望文生义，穿凿附会，这是注释家的大忌。但是，古音通假说恰恰是穿凿附会者的防空洞。有些注释家以古音通假的理论为护符，往往陷于穿凿附会而不自觉，这是非常令人感到遗憾的事。

古音通假说的广泛应用，开始于王念孙、王引之父子。王引之说："许氏《说文》论六书假借曰：'本无其字，依声托事，令长是也。'盖无本字而后假借他字，此谓造作文字之始也。至于经典古字，声近而通，则有不限于无字之假借者。往往本字见存，而古本则不用本字，而用同声之字。学者改本字读之，则怡然理顺；依借字解之，则以文害辞。是以汉世经师作注，有'读为'之例，有'当作'之条，皆由声同声近者，以意逆之而得其本字，所谓好学深思，心知其意也。然亦有改之不尽者，迄今考之文义，参之古音，犹得更而正之，以求一心之安，而补前人之阙。"[①] 这一个学说标志着中国语言学发展的一个新阶段，它摆脱了文字形体的束缚，把语音跟词义直接联系起来。这样做，实际上是纠正了前人把文字看成直接表示概念的唯心主义观点。王氏父子的成绩是应该加以肯定的。

王氏父子治学是谨严的。事实上他们不是简单地把两个声同或声近的字摆在一起，硬说它们相通，而是：引了不少的证据；举了不少的例子。这样就合于语言的社会性原则，而不是主观臆断的。当然在王氏父子的著作中也颇

---

① 王引之《经义述闻》卷三十二，"经文假借"条。

多可议之处，那些地方往往就是证据不足，例子太少，所以说服力就不强。后人没有学习他们的谨严，却学会了他们的"以意逆之"，这就是弃其精华，取其糟粕，变了王氏父子的罪人了。

为了更好地说明问题，必须先弄清楚古音通假的性质。朱骏声说："假借滥于秦火，传写杂而失真。"[①] 所谓假借或古音通假，说穿了就是古人写别字[②]。别字有形近而误的，有声近而误的。正如现代人所写的别字一样，形近而误的别字较少，声近而误的别字较多。但是，无论如何，写别字总是特殊情况，我们不能设想古书上有大量的别字。再说，正如现代人所写的别字一样，所谓声近而误，必须是同音字，至少是读音十分近似的字，然后产生别字；如果仅仅是叠韵，而声母相差较远，或者仅仅是双声，而韵母相差较远，就不可能产生别字。例如北京人把"驱使"写成"趋使"，"绝对"写成"决对"，上海人和广州人就不会写这一类的别字，因为它们在上海话和广州话里仅仅是

---

① 朱骏声《说文通训定声·自叙》。

② 如果像《说文》所说"本无其字，依声托事"，那种假借不是写别字。这里指的假借乃是朱骏声所谓假借。朱氏说"假借者，本无其意，依声托字"，那就是写别字了。王引之所谓"本字见存，而古本则不用本字，而用同声之字"，那也是写别字。

叠韵，而声母相差很远。又如上海人把"过问"写成"顾问"，把"陆续"写成"络续"，北京人就不会写这一类的别字，因为它们在北京话里仅仅是双声，而韵母相差较远。因此，同音字的假借是比较可信的；读音十分相近（或者是既双声又叠韵，或者是声母发音部位相同的叠韵字，或者是韵母相近的双音字）的假借也还是可能的，因为可能有方言的关系；至于声母发音部位很远的叠韵字与韵母发音部位很远的双声字，则应该是不可能的。而谈古音通假的学者们却往往喜欢把古音通假的范围扩大到一切的双声叠韵，这样就让穿凿附会的人有广阔的天地，能够左右逢源，随心所欲。双声叠韵（包括准双声、准叠韵）的机会是很多的，字与字之间常常有这样那样的瓜葛，只要注释家灵机一动，大胆假设一下，很容易就能攀上关系。曾经有人认为杨朱就是庄周，因为"庄、杨"叠韵，"周、朱"双声；这样滥用古音通假，不难把鸡说成狗，把红说成黄，因为"鸡、狗"双声，"红、黄"双声；又不难把松说成桐，把旦说成晚，因为"松、桐"叠韵，"旦、晚"叠韵。这好像是笑话，其实古音通假的误解和滥用害处很大，如果变本加厉，非到这个地步不止。在语音学知识比较不普遍的时代，双声叠韵的现象被涂上一层神秘的色彩，似乎一讲古音通假，就能令人深信不疑。现在我们知道，单凭双声叠韵，并不能在训诂学上说明什么问题。现在是重新考虑这个问题的时候了。

两个字完全同音，或者声音十分相近，古音通假的可能性虽然大，但是仍旧不可以滥用。如果没有任何证据，没有其他例子，古音通假的解释仍然有穿凿附会的危险，例如俞樾解释《诗·魏风·伐檀》"不稼不穑，胡取禾三百廛兮……不稼不穑，胡取禾三百亿兮……不稼不穑，胡取禾三百囷兮"，以为"廛"同"缠"、"亿"同"繶"、"囷"同"稛"，都是束的意思[1]。由于他这一说新颖可喜，许多注释家都采用了它。但是，为什么诗人这样爱写别字呢？为什么这样巧，在同样的位置，一连写了三个别字呢？像"亿"字这样普通的数目字，为什么忽然变了一个僻词（繶），用了一个僻义（束）呢？《诗经》里一共有六个地方用了"亿"字，其余五个地方的"亿"字都不当束讲，其他先秦各书的"亿"字也都不当束讲，《伐檀》的"亿"字偏要当束讲，语言的社会性何在呢？何况"亿"字用来形容禾黍之多，是《诗经》的习惯用法，《诗·周颂·丰年》："丰年多黍多稌，亦有高廪，万亿及秭。"《诗·小雅·楚茨》："我黍与与，我稷翼翼，我仓既

---

[1] 俞樾《群经平议》卷九。

盈，我庾维亿。"难道这些地方的"亿"字也都能解作束吗？"廛"之通"缠"、"囷"之通"稇"，也没有什么证据。依我看，《伐檀》一篇中的"廛、亿、囷"，毛传、郑笺、孔疏都讲得很对。关于"廛"，毛传说："一夫之居曰廛。"关于"亿"，毛传说："万万曰亿。"郑笺说："十万曰亿，禾秉之数。"郑笺较妥。关于"囷"，毛传说："圆者为囷。"孔疏说："方者为仓，故圆者为囷。"我们试拿上面所举《周颂·丰年》的"亦有高廪，万亿及秭"和《小雅·楚茨》"我仓既盈，我庾维亿"来跟《伐檀》比较，可见"亿"就是十万个禾秉，"囷"就是仓廪之类，没有什么讲不通的。"廛、亿、囷"都当量词用，并不像俞樾所说的"义亦不伦"。既然甚言其多，不妨夸张一些，俞氏所谓"三百夫之田其数太多"也不能成为理由。总之，关于这三个字的解释，实在用不着翻案。

古音通假说的优点和缺点既如上所述，我们就应该正确地运用古音通假而防止它的流弊。

八、偷换概念

滥用古音通假的学者们并不是公然抛弃故训的；相反地，他们也常常引用古训，然后牵合他们所要说明的词义。这样就从中偷换了概念。古代学者（包括清人在内）由于时代的局限性，常常陷于偷换概念而不自觉；现在我们如果再蹈这覆辙，那就不应该了。

仍以"繶"字为例。《说文》没有"繶"字。《周礼·屦人》注："繶，缝中紃也。""紃"就是"绦"，所以《广雅·释器》说："繶，绦也。"胡培翚说："繶本以紃饰屦缝之名。"繶是一种饰屦缝的丝绳，人们绝不会把这种丝绳去捆束禾黍！固然，《广雅·释诂》也说："繶，束也。"但是我在上文说过，字典所说的词义，如果没有作品来证实，就不一定是可靠的。王念孙的《广雅疏证》在这个地方也讲不清楚。他只好牵合着说："疏云'谓牙底相接之缝，缀绦于其中'，亦系束之义也。"从绦牵合到束，这是偷换了一次概念，而俞樾从动词的束牵合到量词的束，这是再一次偷换概念。关于"缠"字也有类似的情况："缠"字虽然可以解作束，那只是个动词，它从来不作为量词来用的。

再以"拐"字为例。《诗·小雅·节南山》："乱靡有定，式月斯生。""式月斯生"这句话很难懂。郑玄说："式，用也。用月此生，言月月益甚也。"俞樾认为"用月此生，甚为不辞"，这个批评是对的。但是他自己提出的解释就不一定对了。他以为"月"是"拐"之省（其实也是古音通假）。《说文》："拐，折也。""式拐斯生"就是

"用折此生"。俞氏再补充说:"盖乱靡有定,故民不得遂其生,而夭折也。"其实"捐"字只有具体的折断的意义,没有抽象的夭折的意义,由折断牵合到夭折,也是偷换了概念。

偷换概念不限于古音通假;凡是一词多义的地方,都可以偷换概念。何况《尔雅》《广雅》一类的书只把故训罗列在一起,并非定义式的解释,我们在利用这些书的时候,一不小心,就会偷换了概念,例如《广雅·释诂》:"翫(玩)、俗,习也。""翫"与"习"是同义词,"俗"与"习"是同义词,但"翫"与"俗"不是同义词,因为"习"是多义词,兼有狎习和习俗等义,如果把"翫"字解作习俗的意义,那就大错特错了!

《说文》家们偷换概念的情况较少,但是有时候为了维护许慎的说解,也难免偷换概念,例如上文所举,《说文》:"殿,击声也。"段玉裁比较谨严,老实地说:"此字本义未见。"桂馥说:"击声者,所谓'呵殿'也。"王筠说:"所谓'呵殿'者,与此义略近。"这是从声的意义偷换概念。朱骏声说:"击声也……《急就篇》:'盗贼系囚榜笞臀。'以'臀'为之。"这是从击的意义偷换概念。其实"呵殿"是中古的熟语,不能用来说明上古;而且"呵殿"是"呵于前而殿于后"的意思,跟"击声"的意义搭配不上。至于《急就篇》"榜笞臀"的"臀",那大概是打屁股的意思,从击声牵合到打屁股,距离也未免太远了!

《吕氏春秋·察传》说:"夫得言不可以不察:数传而白为黑,黑为白。故狗似玃,玃似母猴,母猴似人,人之与狗则远矣。此愚者之所以大过也。"偷换概念的情况也是跟《吕氏春秋》所说的情况相仿佛:换了一两次概念以后,往往面目全非!

偷换概念是望文生义的自然结果。望文生义的人们不会毫无根据地"生"出一个"义"来,而往往是引经据典,然后暗度陈仓,以达到他们所想要生的义。如果重视语言的社会性,偷换概念的毛病就不会产生了。

九、重视故训

古代的经生们抱残守缺,墨守故训,这是一个缺点。但是我们只是不要墨守故训,却不可以一般地否定故训。训诂学的主要价值,正是在于把故训传授下来。汉儒去古未远,经生们所说的故训往往是口口相传的,可信的程度较高。汉儒读先秦古籍,就时间的距离说,略等于我们读宋代的古文。我们现代的人读宋文容易懂呢,还是千年后的人读宋文容易懂呢?大家都会肯定是前者。因此,我们应该相信汉代的人对先秦古籍的语言比我们懂得多些,至少不会把后代产生的意义加在先秦的词汇上。甚至唐宋人的注疏,一般地说,也是比较可靠的,最好是不要轻易去做翻案文章。

当然这不是说绝对不可以翻案。今天我们有了马克思列宁主义的思想武器,又有了晚近出土和最新出土的古文字和古代文物,而且由于印刷事业的发达,得书较易,我们在这些方面比古人具备更有利的条件。再者,经生们为了维护统治阶级的利益,捏造了一些"章旨",跟着就有意识地歪曲了一些词义。还有所谓声训,绝大部分都是不科学的。这些都应该彻底批判,而不能有丝毫调和。但是也要实事求是地去了解古人的作品,不是主观地把它说成什么样子,而是根据语言事实,还它一个本来面目。

十、怎样对待疑难的字句

注释家对待疑难的字句,有两种不同的态度:第一种是不懂就承认不懂,这就是一般所谓存疑;第二种是虽然不懂,也勉强注它一注,以为不注就没有尽注释家的责任,有时候还抛弃故训,另立新说,而以古音通假之类的方法来证明。我赞成第一种态度。

大家知道,古籍在传写中产生的错误是相当多的。校勘学之所以重要,就在于它能用校勘不同版本的方法来订正传写中（后来是印刷中）的错误。假如没有不同版本，即使有脱文、衍文、误字和错简，都无从知道。即使有了不同版本，也有可能是以讹传讹。我们还不可能把一切脱文、衍文、误字和错简都订正过来。在有疑难问题的字句中，正是脱文、衍文、误字和错简的可能性最大。如果按照抄错了（或刻错了）的字句强加解释，那就真是痴人说梦；假使古人有知，他们一定会窃笑我们了。

存疑并不是不可知论。知之为知之，不知为不知，这是科学的态度。今天的存疑，可以为后人进一步研究问题提供参考；将来有了新的材料或者是新的发现，问题仍旧是可以解决的。当然，遇着有疑难问题的字句，首先是尽可能要求解决，没有深入考察而马上存疑，那种懒汉作风也是不对的。

以上所论，主要是针对上古的书籍的注释工作来说，因为所谓训诂学，一向被认为经学的附庸，传统的训诂学正是为了解上古的典籍服务的。至于语言的社会性原则，那自然可以适用于一切注释工作。这篇文章涉及的方面太广，许多地方谈得不够透彻；有些地方跟我的旧作《新训诂学》和《双声叠韵的应用及其流弊》可以互相阐明。

原载《中国语文》1962年1月号

古语的死亡、残留和转生

本篇所论的语言事实,是指现代口语中所发现的语言事实而言,即是说,古语(古代的词语)在现代口语中死亡了,或残留着,或死而复活(转生)。我们只论口语,不论文章,因为在文章上很难说某一个字是死亡、残留或转生。文章的古今界限是很不清楚的:写文章的人是读书人,读过书的人的脑子里,是古今词汇混杂着的;唯有一般民众的口语里,古今的界限最清楚。就是文人的口语里,也比他们自己的文章里的古今界限明显得多,因为满口诌文,就有大家听不懂的危险。由此看来,如果说某一个字在现代文章里是死了,这自然是很武断的说法;如果说它在现代口语里是死了,这可以由事实来证明:只要看一般民众口语里没有它,已经可说是死去;若连文人的谈话里也没有它,更是死亡的铁证了。

古语的死亡，有死字和死义的分别。死字如："奰，怒也"（《诗·大雅·荡》"内奰于中国"），现代只说"生气"，不说"奰"。又如"慵，懒也"（杜甫诗"观棋向酒慵"），现代只说"懒"，不说"慵"。死字有些是文人笔下几乎绝迹的，如"奰"之类；有些是文人还喜欢在文章上应用的，如"慵"之类。此外还有半死的字，例如"怒"字虽然被"生气"替代了，但口语里仍可以说"发怒"或"怒气冲冲"；"惧"字虽然被"怕"字替代了，但"恐惧"二字连用在口语里，仍旧是读过书的人容易听得懂的。

死义例如："方，并船也"（《诗·邶风》"方之舟之"）；"刀，小船也"（《诗·卫风》"谁谓河广？曾不容刀"）；"孩，小儿笑也"（《孟子·尽心上》"孩提之童"）；"捉，握也"（《世说新语·容止》"而自捉刀立床头"）。死字和死义不同之点，就是死字是整个字死了，而死义只是字的某一种意义死了："方、刀、孩、捉"四个字在现代口语里是有的，只是它们已经失去了并船、小船、小儿笑和握的意义了。

古语的死亡，大约有四种原因：第一是古代事物现代已经不存在了，例如"禊"字的意义是"三月上巳临水祓除谓之'禊'"，现代没有这种风俗，自然用不着这个字。第二是今字替代了古字，例如"怕"字替代了"惧"，"裤"替代了"袴"。第三是同义的两字竞争，结果是甲字战胜了乙字，例如"狗"战胜了"犬"，"猪"战胜了"豕"（"狗"和"犬"、"猪"和"豕"，大约起于方言的不同。有人说"猪"是小豕，"狗"是小犬，恐怕是勉强分别的）。第四是由综合变为分析，即由一个字变为几个字，例如由"渔"变为"打鱼"，由"汲"变为"打水"，由"驹"变为"小马"，由"犊"变为"小牛"。

以上说的是死亡的字。另有一种字，若说它们是死了，咱们的口语里却还有它们；若说它们还活着，却又不能按着它们的意义来随便应用，例如"墅"字本来是"兼有园林的住宅"的意思，所以《晋书·谢安传》说："于土山营墅，楼馆林竹甚盛。"后人称平日的住宅之外另营的游息之地为"别墅"，"别"者，"另"也，就是另外的一所住宅的意思。但是后来"墅"字就常常依着"别"字而行，非但在口语里没有人说"他造了一个墅"，连文章里也没有人这样写了。又如"钟"字本来有"聚也"一个意义，所以《国语·周语》说"泽，水之钟也"（泽是水所聚的地方）；《世说新语·伤逝》说"情之所钟，正在我辈"（情之所聚，正在我们的身上）。但是，后来"聚也"的"钟"不很能离开"情"字而自由应用，咱们只能说"情之所钟"

或"钟情"(文章上还可以说"钟灵毓秀"),却不大说"海为水之所钟",尤其不会说"娼寮赌馆,下流之所钟"之类。以上所举的例子,似乎太文雅了;一般人不大说"别墅"和"钟情",但较俗的例子也不是没有,譬如现代口语"不是"替代了"非","这"替代了"此","他的"替代了"其",然而"除非"不能说成"除不是","岂有此理"不能说成"岂有这理","莫名其妙"不能说成"莫名他的妙"。"非、此其"在这种地方也是古语的残留。

古语残留的原因往往是借成语的力量。最占势力的成语往往能是"后死者";而某一个已死的字义也似乎托庇于这种后死的成语,得到较长的寿命。但是,咱们若要判断某一个字义死不死,应该看它的用途普遍不普遍,不该只看现代口语里有没有它,因此,咱们可以说"非、此、其"一类的字在现代口语里确是死了;它们只在某一些特殊情形之下,还有些残留的痕迹而已。

此外,还有一类的字,它们在口语里本来是完全死去了的,但是到了现代却复活了。这种现象,我叫做转生。转生的原因,大约有三种:第一是双音词的产生,第二是外国词义的翻译,第三是新事物的命名。这三种原因的界限并不明显:新生的双音词往往是外国词义的反映;新事物的命名也有些是根据外国词义而来的。不过,我们姑且勉强把它们分开，在讨论上可以方便些。

第一，双音词的大量产生，是最近几十年的事。双音词的构成，往往是在一个口语里的活字之外，添上一个口语里已经死去的同义字，例如"皮肤、思想"（"皮、想"是现在口语里原有的，"肤、思"是从古代词汇中取来的）；有时候，两个字都是曾经死去了的，例如"考虑"（"考"是审察，"虑"是打主意）。

第二，外国词义的翻译，有时用现代口语里的字很难译得适当，于是用古义来译。并非古义就能适当，只因为它们对于一般人是生疏的，所以它们复活之后就很容易承受了外国原字的涵义，例如"绝对"的"绝"字，和"无"的意思相近，"绝对"等于说"无可对待"，恰像"绝伦"等于说"无可比拟"。此外如"高原"的"原"、"奇数"的"奇"、"肺炎"的"炎"、"滋养料"的"滋"，都是从古语中借来的。kiss有时虽可译为"亲嘴"，但中国所谓"亲嘴"含有猥亵的意思，而kiss有时是纯洁的，所以只好另找"接吻"二字去译它。"吻"字也是在口语里死了的。

第三，新事物的命名，借用古义，恰像西洋新事物的命名借用希腊拉丁的语根，例如"警报"的"警"字是危急的消息的意思，古人所谓"边警"就是边疆的危急消息，

"告警"就是来报告危急的消息。由此看来,"警报"就是关于危急消息的报告;这种"警"字,早就在口语中死去了,然而现在非但复活,而且成了人们日常谈话中最常用的字眼之一。又如"贷金","贷"者借也,"金"者钱也,"贷金"就是借钱或借的钱,然而咱们不说"借钱"或"借的钱"而说"贷金",因为"贷金"是一种制度,和普通的借钱不同。由此可见,造新名词的人之所以运用古义,并不一定是卖弄古董,有时候是要使它们和普通口语的字眼不同,以便产生一种特殊的意义,例如"贷金"不是普通的借钱而是一种制度,"警报"不是普通的危急消息而是专指敌机来袭而言。

说到这里,大家都明白古语的死亡、残留和转生是怎么一回事了。下面我们将要讨论这三种语言事实对于青年作文的影响。

死去的词语,本来可以和一般青年不发生关系。活的词语是尽够用的了,犯不着向死的词语堆里去求补充。尤其是初学作文的人,应该抱着"知之为知之,不知为不知"的态度。咱们对于活生生的语词的运用,总是比较地有把握的,何必为好奇心或虚荣心所驱使,运用已死的词语,以致有用字不当的危险呢?例如近日报纸的社论里有一种颇流行的新错误,就是把"殊"字当"谁知"讲。这种

"殊"字的来源是"殊不知",和"完全不知道"的意思差不多,其后有人误省为"殊知",近日更索性省为"殊"字。其实"殊"只有甚的意思(引申为完全),怎么能当"谁知"讲呢?某日某报上有一个新闻标题"伊总理已请德军援助,并诱致阿拉伯人参战",这里的"诱致"也用错了,"诱致"是诱之使至的意思。又另一日另一个报上有一个新闻标题"美国军火生产将首屈世界",这是不曾彻底了解"首屈一指"的意义,所以用错了。这些都是可以不错的,譬如干脆用了"谁知、引诱"和"将居世界第一位",岂不更妥当些?现在的时代,用死的词语用得不错,并不因此就得到一般人的重视;用错了,却要被社会轻视了。何苦呢?

古语如果残留或转生,咱们运用它们,较有把握,用字不当的毛病大约可以不犯了。然而另有一种易犯的毛病,就是写别字。只要本来是古语,无论是死亡、残留或转生,都是别字的来源。青年笔下的别字,十分之九是由这三种语言事实产生的。已死的词语,固然和咱们不熟习,容易弄错;就是残留的或转生的,也并不为一般人所彻底了解。残留或转生的某一个字,和另一个字(或两个)结合之后,就被认为囫囵的一体,例如"别墅",大家只当它一个整体看待,并不理会"墅"是兼有园林的住宅的意思,甚至不理会"别"是另的意思。又如"绝对",大家也只当它一个整体看待,并不理会"绝"是无的意思。这种不理会就是产生别字的原因。

古语残留所产生的别字,例如"别墅"误作"别署"、"锺情"误作"钟情"或"中情"、"间谍"误作"间牒"、"兴趣"误作"幸趣"或"性趣"(官话别字)、"摧残"误作"推残"、"成绩"误作"成积"、"烦恼"误作"烦脑"、"枉然"误作"往然"、"固然"误作"果然"(吴语别字)等。古语转生所产生的别字,例如"绝对"误作"决对"(官话别字)、"资料"误作"滋料"、"残忍"误作"惨忍"(官话别字)、"驱使"误作"趋使"(官话别字)、"恐怖"误作"恐布"、"警报"误作"惊报"、"彻底"误作"切底"(粤话别字)等。

现在一般青年对于每一个字的每一个古义,自然没有那么多的工夫去仔细研究。但是,至少应该对于残留和转生的古语,求一个彻底了解。因为它们不是死的词语,而是现代活的词语的一部分,并且是最难彻底了解的一部分。唯其是活的词语的一部分,所以咱们不能不求了解;唯其是最难彻底了解的一部分,所以咱们不能不加倍小心。

原载《国文月刊》第 4 期,1941 年 7 月

词义的发展和变化

古今词义不同,是由于发展和变化。发展与变化不同。发展指的是一般所谓引申,例如"口"是身体的一部分,引申为山口、河口、路口的"口",而口的本义还用于现代双音词里,如"口腔、口气、开口、说不出口"。变化指的是本义消失了,现代只用它的引申义,例如"脚"字本来是小腿的意思。《说文》:"脚,胫也。"《论语》:"以杖叩其胫。"注:"胫,脚胫。"后来变化为指足(脚丫子),不再用来指小腿了。

我们可以从范围来看词义的变迁。一般把词义的变迁分为三种情况:扩大;缩小;转移。扩大是词义的外延扩大了;缩小是意义的外延缩小了;转移是词义的范围转移了。我们又可以从语法意义去看词义的变迁,例如名词发展为动词,不及物动词发展为及物动词,等等。现在我们分别加以叙述。

一、词义的发展

（一）词义范围的变迁

1. 词义的扩大例：

皮　本义是兽皮（人的皮叫做"肤"）。《左传·僖公十四年》："皮之不存，毛将安傅？"《孟子·梁惠王下》："事之以皮币，不得免焉。"引申为人和动物的皮。

肉　本义是兽类的肉（人的肉叫做"肌"）。《论语·宪问》："三月不知肉味。"《乡党》："鱼馁而肉败不食。"后来兼指人及其他动物的肉。

觜　本义是鸟嘴。引申为人嘴。《南齐书·刘休传》："武人厉其觜吻。"后人加口作"嘴"。

袴　本义是套裤，字本作"绔"。《说文》："绔，胫衣也。"引申为后代的裤子。

2. 词义的缩小例：

屋　本义是房屋。今北京人称房间为"屋子"，词义缩小了。

3. 词义的转移例：

日　本义是太阳，引申为一昼夜的时间。

月　本义是月亮，引申为一个月的时间。

(二)语法意义的变迁

1. 名词→动词:

面　本义是脸(名词),引申为面向(动词)。《论语·雍也》:"雍也可使南面。"《孟子·梁惠王下》:"东面而征,西夷怨。"

背　本义是背脊(名词),引申为背向(动词)。《周礼·秋官·司仪》:"不正其主面,亦不背客。"

2. 不及物动词→及物动词:

往　本为不及物动词,后面不带宾语(目的地是不言而喻的),例如:

> 今朕必往。(《书·泰誓》)
> 佛肸召,子欲往。(《论语·阳货》)
> 彼陷溺其民,王往而征之。(《孟子·梁惠王上》)

后来也可以用作及物,例如杜甫《新婚别》:"今君往死地。"

来　本为不及物动词,后面不带宾语(来的地点是明显的),例如:

> 徯我后，后来其苏。(《书·仲虺之诰》)
>
> 王来自商。(《书·武成》)
>
> 有朋自远方来。(《论语·学而》)
>
> 不远千里而来。(《孟子·梁惠王上》)

后来也可以用作及物，例如杜甫《发同谷县》："始来兹山中。"

3. 及物动词→不及物动词→及物动词：

去 本为及物动词，指离开某地，例如：

> 微子去之。(《论语·微子》)
>
> 孟子去齐。(《孟子·公孙丑下》)
>
> 桓公去国而霸诸侯。(《墨子·亲士》)

也可以用作不及物，不带宾语，例如：

> 鸟乃去矣。(《诗·大雅·生民》)
>
> 渔父莞尔而笑，鼓枻而去。(《楚辞·渔父》)

现代又用作及物，有"往"的意思，例如"去广州"。

二、词义的变化

（一）词义范围的变迁

1.词义扩大例：

身　本义是自肩至股的部分。《论语·乡党》："必有寝衣，长一身有半。"长一身有半就是寝衣盖到膝间。后来词义扩大为身体，"身"的本义就消失了。

眼　本义是眼珠子。《史记·吴太伯世家》："抉吾眼置之吴东门。"后来"眼"变为"目"的同义词，"眼"的本义就消失了。

脸　旧读如"检"，本义是颊，一般指妇女搽胭脂的地方。梁简文帝《妾薄命》："玉镜歇红脸，长鬟串翠眉。"白居易《王昭君》："满面胡沙满鬓风，眉销残黛脸销红。"杜牧《冬至日寄小侄阿宜》："两脸明且光。"后来"脸"变为"面"的同义词（读如"敛"），"脸"的本义就消失了。

器　本义是陶器。《老子》："埏埴以为器。"《韩非子·难一》："东夷之陶者，器苦窳，舜往陶焉，期年而器牢。"后来"器"字泛指器具，不专指陶器了。

房　本义指正室两边的室。《说文》："房，室在旁也。"《诗·王风·君子阳阳》："左执簧，右招我由房。"后来

"房"字泛指房屋,不专指正室旁边的室了。杜甫《得舍弟消息》诗:"汝书犹在壁,汝妾已辞房。"现代"房子"指住宅,词义更扩大了。

2. 词义的缩小例:

禽 本义是猎得的鸟兽。《易·师卦》:"田有禽。"《左传·宣公十二年》:"使摄叔奉麋献焉。曰:'以岁之非时,献禽之未至,敢膳诸从者。'"引申为泛指鸟兽(扩大)。《三国志·华佗传》:"吾有一术,名五禽之戏:一曰虎,二曰鹿,三曰熊,四曰猿,五曰鸟。"后来专指鸟类(缩小)。本义就消失了。

瓦 本义是土器已烧之总名。《诗·小雅·斯干》:"乃生女子,载弄之瓦。"传:"瓦,纺砖也。"后来专指屋顶上的瓦,本义就消失了。

3. 词义转移例:

脚 本义是小腿。膑脚是去掉膝盖骨,使腿失掉作用。《荀子·正论》:"捶笞膑脚。"后来变为"足"的同义词,本义就消失了。

趾 本义是足(脚)。《诗·豳风·七月》:"四之日举趾。"后来变为脚指头的意思,本义就消失了。

羹 本义是带汁的肉。《字林》:"羹,肉有汁也。"《左传·隐公元年》:"小人有母,皆尝小人之食矣,未尝君之羹。"《后汉书·陆续传》："续系狱，见馈羹，知母所作。葱必寸断，肉方正，以此知之。""羹"字后来变为汤的意思，唐王建《新嫁娘》诗："三日入厨下，洗手作羹汤。""羹"的本义就消失了。

（二）语法意义的变迁

1. 动词→名词

任　本义是抱。《诗·大雅·生民》："是任是负。"毛传："任，犹抱也。"《国语·齐语》："负任儋何。"注："任，犹抱也。"本是动词，后来变为名词，表示任务、责任。"任"的本义就消失了。后来虽又发展为动词，表示任用、任命，那已经不是本义了。

饭　本义是吃饭，动词。《说文》："饭，食也。"《论语·述而》："饭疏食，饮水。"《孟子·尽心下》："舜之饭糗茹草也，若将终身焉。""饭"又用作不及物动词，表示吃饭。《论语·乡党》："待食于君，君祭，先饭。"《史记·廉颇列传》："廉将军虽老，尚善饭。""饭"又用作使动词。《吕氏春秋·举难》："甯戚饭牛居车下。"《汉书·朱买臣传》："见买臣饥寒，呼饭饮之。"后来"饭"字变为名词，本义就消失了。

2. 动词→形容词

低　本义是低头。《庄子·盗跖》："据轼低头，不能出气。"司马相如《大人赋》:"低卬夭蟜据以骄骜兮。"杨恽《报孙会宗书》:"奋袖低昂,顿足起舞。"后来变为高低的"低",是由动词变为名词,现在我们不能单用"低"字来表示低头了。

词义变化以后,词的本义消失了,往往产生一个新词来替代它,例如,当"眼"字不再表示眼珠子的时候,就产生一个"睛"字(后来又变为复音词"眼珠子");当"脚"字不再表示小腿的时候,就产生一个"腿"字替代它。以上所述,是汉语史的一个方面。为时间所限,只是简单地谈了这些。

1983 年

原载王力《谈谈学习古代汉语》,山东教育出版社 1984 年

字典问题杂谈

一、历史观点问题

这个问题很重要，无论是研究词汇史，还是编写字典，历史观点都应该是重要的指导思想、重要的原则。我曾经写过一篇文章，叫《理想的字典》，其中谈到中国的字典往往没有历史观点，把古代的意义跟现代的意义混同起来，杂糅在一起。他们不知道，一个字什么时代有什么意义是不能弄错的，一个字古代有的意义，现代可以用；现代有而古代没有的意义就不能拿去解释古书。我们的字典常常弄错，那个时代没有的意义，它还以为是有的。最近我写了一篇文章叫《说"江、河"》，发表在《中学语文教学》上。为什么要写这篇文章呢？也是要强调历史观点。我在《古代汉语常识》的小册子上讲，上古的时候，"江、河"都是专名，"江"专指长江，"河"专指黄河，不是一般的河流。唐山的两位同志写了一篇文章，要跟我商榷。他们举了不少例子，说我的意见不一定对。稿子寄给了《天津师专学报》。《学报》给我来信，要我表示意见。我于是给他们写了回信，还感到意有未尽，又写了《说"江、河"》的文章。我主要的意思是说，"江、河"的本义就是长江、黄河，不但《说文》上讲了，而且古书上有很多例证。古书上也有"九江、九河"的说法，是不是就不是指长江、黄河了呢？不是的。"九江、九河"指江河的支流。直到中古，"江、河"才能指一般的河流。那也是有分别的，南方的河流叫"江"，北方的叫"河"。至于东北的松花江、黑龙江一带，那是很晚的事了，大概在明代才那样叫。黑龙江原来叫黑水。还有人写信问，大渡河为什么也叫河。那也是很晚的事了。大渡河古称沫水、渽水、大渡水。我查了一下新旧《辞源》《辞海》，对这四本书关于江河的解释都提出了批评。新《辞源》讲得比较好，本义放在第一个义项。但在讲引申义时，举了《诗经·关雎》为例，"关关雎鸠，在河之洲"的"河"，他说指一般的河流，这就奇怪了。《关雎》是周南的第一篇，周南应该是西周的诗，西周就在黄河的上流，这个"河"字不正是指黄河吗？《辞源》之所以犯这个错误，源出于朱熹。朱熹在《诗集传》里说："河，北方流水之通名。"朱熹比《辞源》还稍强一些,他是用宋代的词义去解释《诗经》。像这样一个很普通的"江、河"的解释,字典都出现了错误,可见具有历史观点对编好字典具有多么重要的意义。

二、词义发展问题

词义的发展是什么意思呢?就是一个字在本义的基础上,发展成另外一个意义。语言学中说有三个类型:一个是扩大,一个是缩小,一个是转移。"江、河"属于扩大的类型。缩小的例子如"屋"字,原来指房子,现在北方指"房间"。转移的例子如"脚"字,原来指小腿,后来指脚丫子。这三个类型,每个类型又包括两种情况:一种是发展,一种是变换。所谓发展,就是说词义发展了,产生了新义,原来的意义还在用,比如"河"字,原指黄河,词义发展了,指北方一般的河流了,但是"河"作黄河讲的意义还在用,如"待河之清"。又比如"木"字,原义是树,现在指木头、木料等,但"草木"的"木"还是树的意思。所谓变换,就是词义搬了家以后,原来的意义不用了,如"脚"字,原来的意义是小腿,后来指脚丫子了,而小腿的意义就不用了,现在你再把小腿叫脚就没有人能听懂了。又比如"眼"字,原来的意思就是眼珠子,后来指整个眼睛了,而光指眼珠子的意义就不用了。

关于词义的发展，最重要的是不能倒果为因。上边说了，有些词典认为"江、河"原为一般的河流，后来变为专名，这就叫倒果为因。把词义的历史发展搞颠倒了。编词典常常遇到这个问题。再举一个例子，比如"低"字。

旧《辞海》：

〔低〕下也。见《说文新附》。引申为垂下之义。如低首。

新《辞海》：

〔低〕①低下。如：低地；低音；低压。②向下垂。谢朓《咏风》诗："垂杨低复举，新萍合且离。"

旧《辞源》：

〔低〕高之反。

〔低卬〕谓高低不定也。《汉书》："奋袖低卬，顿足起舞。"

新《辞源》：

〔低〕下，与"高"相对。

〔低卬〕高低起伏。司马相如《大人赋》："低卬夭蟜据以骄骜兮，诎折隆穷蠼以连卷。"

〔低仰〕一高一低。潘岳《西征赋》："倦狭路之迫隘，轨崎岖以低仰。"

〔低昂〕即低卬。《楚辞·远游》："服偃蹇以低昂兮，骖连蜷以骄骜。"王充《论衡·变动》："故谷价低昂，一贵一贱矣。"

"低"字本是动词，本义是低头。《庄子·盗跖》中说："据轼低头，不能出气。"正是用的"低"字的本义。这几部辞书都没有列"低"字的本义，都把"高低"的"低"作为本义了。其实，"高低"的"低"是相当晚才产生的意义。古代高低叫做高下。新旧《辞源》以为"低"作"低头"讲是后起义，所以都没有列，这就是倒果为因。新旧《辞海》把近引申义作动词讲的"低"放在高低的"低"之后，也是倒果为因。因为它们不知道"低"最早是动词，所以搞错了。"低昂"就是"低仰"（低头与抬头），"低仰"本当写作"低卬"。《说文》："仰，举也。"《一切经音义》引作"举首也"。段玉裁说:"与卬音同义近,古卬仰多互用。"其实,"卬、仰"是古今字,不是互用。王筠说:"仰即卬之分别文。"朱骏声说是或体。这就对了。"低昂、低卬、低仰"都是低头、抬头的意思。《大人赋》中"低昂"指的是龙头的姿态,有时抬起头,有时低下头。《楚辞·远游》中的"低昂"指的是马头的动作,指马拉车,头一抬一低。《报孙会宗书》中的"低卬"指的是人跳舞时头的动作,不是指人一下子蹦上去,一下子落下来。这几句中的"低"字都是动词,都用的是本义,即低头的意思,至于潘岳《西征赋》中的"低仰",是指车的动作;《论衡》中的"低昂",是指物价的波动,这都是引申义了,但仍然还是动词。谢朓诗:"垂杨低复举,新萍合且离。""低"字也还是动词,所以和"合"字为对仗。"低"字又写作"氐",《汉书·食货志》:"封君皆氐首仰给焉。"注:"氐音,犹俯首也。"《汉书》中的"低"字既作动词,又作形容词了,也就是说已经开始有了"高低"的意思,如《汉书·食货志》说:"其贾氐贱减平者,听民自相与市,以防贵庾者。"但是《汉书》中只讲物价的高低,没有具体事物的高低,"低"字指具体事物的高低,恐怕会更晚,至少要在南北朝以后。

三、始见书问题

字典解释字义，举例很重要。一部没有例子的字典就是一具骷髅。《康熙字典》差不多每个字的每个意义都至少举一个例子，这是很大的成绩。举例主要要援引书籍。这就牵涉到引什么书的问题。举例要举最早出现这个意义的书，也就是说要举始见书的例子。《康熙字典》就是这样做的，这是我国字典的优良传统。为什么举例一定要举最早出现这个意义的书呢？因为了解一个字的一个意义从什么时候开始具有的，这很重要。这样，就不至于用后起的意义去解释比较早的书籍，造成望文生义的错误，不符合古人的原意。你如果能把每个字的每个意义都指出始见书，你的功劳就大啦，你对汉语词汇的发展就立了大功劳。这很不容易，这要博览群书。《康熙字典》大都引的是经书，清儒对经书是很熟悉的，这相对的要好办些。有些意义不见于经书，是稍后一些时候产生的意义，就不大好办。

《辞源》《辞海》很注意指出始见书，新《辞海》差一些，或许因为新《辞海》不是为搞古代汉语用的。新《辞源》做得比较好，但是有些地方做得还不够，比如"得"字有"能、可"的意义，旧《辞源》引了《世说新语》："苟子不得答而去。"这个例子显然不好，《世说新语》是南北朝时期的作品,"得"字有"能、可"的意思怎么会晚到南北朝时代呢?新《辞源》和旧《辞海》都引《韩诗外传》:"不能勤苦,焉得行此。"新《辞海》引《后汉书·隗嚣传》:"田为王田,买卖不得。"这些例子都嫌太晚,《韩诗外传》早些,在汉代,也还是晚了些。"得"字解作"能、可"要早得多,先秦就有了,《论语·八佾》:"君子之至于斯也,吾未尝不得见也。"《公冶长》:"夫子之文章,可得而闻也;夫子之言性与天道,不可得而闻也。"这样的例子很多,杨伯峻先生说《论语》中见17次。"得"与"能"不完全一样,"能"表示能力,"得"表示客观情况容许。《论语译注》是这样说的,我主编的《古代汉语》也是这样说的。《辞源》《辞海》引的始见书就不对了。再比如"偷"字,它有盗窃的意义,这个意义旧《辞源》收了,没有举例。旧《辞海》也收了,它举《管子》的例子,《管子·形势》:"偷得利而后有害。"这个例子是错误的,这里的"偷"字还是苟且的意思。新《辞源》引了《淮南子·道应》:"楚有善为偷者。"这样问题就解决了。先秦的"偷"字都是苟且的意思,至少到《淮南子》才有偷盗的意思。

有些字的某个意义出现的比较晚,就更不容易找出始见书。比如"便"字,"便"有"就"的意思,始见书是什么书呢？旧《辞源》、旧《辞海》、新《辞源》都举《庄子·达生》为例，《庄子·达生》："若乃夫没人，则未尝见舟而便操之也。"这个例子是错的，"便"是熟练的意思，成玄英疏："津人操舟，甚有方便。"可见"便"是"方便"，亦即便捷、熟练的意思。《康熙字典》也引这个例子，它也错了。新《辞海》举《后汉书·班超传》："或谓超可便杀之。"这个例子比较好。《后汉书》是南北朝的作品，是不是还可以再提早点，提到东汉《论衡·无形》："人何由变易，便如火铄铜器乎？"《论衡》的例比《后汉书》更合适些。再比如"穿"字，作"穿衣"的"穿"讲，旧《辞源》、旧《辞海》都没有收。新《辞海》收了这个义项，但没有举例。新《辞源》收了这个义项，也举例了，新《辞源》说：⑤穿戴。《世说新语·雅量》："庾（敳）时颓然已醉，帻堕几上，以头就穿取。"但"帻"是包头巾，这里"穿"还是戴（帽子）的意思，而不是穿（衣服）的意思。下边又引了《红楼梦》十三回："只得忙忙的穿衣服。"例子举对了，但又嫌时间太晚了。《五代史平话》有这样的话："殿上坐的，戴着冕旒，穿着王者衣服。"《五代史平话》大约是宋代的作品，最晚也是元代的，这就比《红楼梦》的例早多了。再比如"该"字，作为"应该"讲从什么时候出现的，一直没搞清楚。从前，我问过陈寅恪先生，他也没搞清楚。现在我看《五代史平话》，发现有这样的句子："获盗百余人，皆该死。"这个"该"就是应该的意思了。"该"字"应该"的意义最晚在宋元时代就具有了。

总之，始见书的问题，是编字典的一个重要问题。只有发动群众广泛搜集材料，才能彻底解决。

四、传抄错误的问题

古代没有印刷，读书要靠手抄。抄书的时候，就难免出现错误。我们编字典的人搞汉语史的人，要特别注意这些传抄的错误，因为它牵涉到始见书的问题，牵涉到历史观点的问题，比如"阵"字，古代作"陈"，读作 zhèn，大约到了南北朝以后，产生了"阵"字。"陈、阵"分成两个字了，区别开是好事，但是你不能说古代就是两个字，因为那不符合历史事实。《汉书·刑法志》"善师者不陈"，颜师古作注说："战陈之义本因陈列为名，而音变耳。字则作陈，更无别体。而末代学者，辄改其字旁从车，非经史之本文也。"颜师古讲得那么清楚，可是《史记》《吕氏春秋》里都有"阵"字。《吕氏春秋·简选》："以为前阵。"《史记·淮阴侯列传》："信乃使万人先行，出，背水阵。"我们怎样解释《史记》《吕氏春秋》的"阵"字呢？

应该认为是传抄的错误,是后人改写的。颜师古那么博学,难道连《史记》《吕氏春秋》都没有读过?不可能的。编写字典,"阵"字举《吕氏春秋》的例子,就不对了,"阵"没产生那么早。再比如"悬"字,原来写作"县",是悬挂的意思,字形是一个悬挂的人头。上古时代悬挂的意思都写作"县"。《汉书·高帝纪》:"带河阻山,县隔千里。"颜师古注:"此古悬字耳,后人转用为州县字,乃更加心以别之。"可见"悬"字是后起的字,可是《孟子》里就有"悬"字,《孟子·公孙丑上》:"民之悦之,犹解倒悬也。"这也是传抄的错误,是后人加上"心"的。举我自己的一个例子,我写了一首诗,其中有一句"甜甜苦苦两人尝",后来有人投稿到香港,把"尝"字写成"嚐",他以为我写错了,应该有个"口"字旁,就加上去了。由此我联想到后人改《孟子》不也是同样的情况吗?还有一个"悦"字,本来写作"说",从言。《说文》中没有收"悦"字,徐铉的《说文新附》中也没有收,徐铉校订《说文》后上给皇帝的表中收了二十八个"俗书讹谬不合六书之体"的字,其中有"悦"字,而且在下边注说:"经典只作说。"可见,"悦"字是一个很后起的字,连新附字都不收它。《孟子》里有"悦"字,可想而知是后人改的无疑了。《庄子》里"说、悦"两个字都有,这说明抄写《庄子》的人不止一个,有的人照原书写了,有的人改了。从这里更可以看出改写的痕迹。

五、清儒的新解问题

清儒对古代文字、音韵、训诂都做出了不少成绩,段玉裁、王氏父子有很多很好的新见解,这些好的见解,我们编字典时应该吸收。但是,清儒的研究也有很多流弊,清末的一些学者表现得更明显。有些讲通假就讲错了。大家还以为对,还引用他,比如《庄子·养生主》里有一句:"技经肯綮之未尝。"俞樾说"技"就是"枝"字,"枝"通"支",是支脉。这个说法就不对了。郭象是这样注的:"技之妙也,常游刃于空,未尝经概于微碍也。"成玄英的疏说:"夫技术之妙,游刃于空,微碍尚未曾经。"郭注、成疏讲得很清楚嘛,这句话是,"技"字一断,赞美他技术之妙,后边有点倒装,即"未尝经肯綮",意思是刀走在空隙之间,不曾经过肯綮。这不是很好懂吗?俞樾偏要说"技"字就是"枝",反而弄得不好懂了,也讲不通。我主编的《古代汉语》原来就依俞樾的说法,修订的时候,发现了这个错误,把它改过来了。再比如《诗经·魏风·伐檀》里有这样几句话:"胡取禾三百廛兮?""胡取禾三百亿兮?""胡取禾三百囷兮?"这里的"廛、亿、困"三字,俞樾认为都是通假字,"廛"通"缠","亿"通"繶","囷"通"稇",都是用绳子捆起来的意思,所谓通假字,就像我们现在写别字,这就很奇怪了,怎么一下子连着三处都写别字呢?可见俞樾的说法有问题。旧注是怎么注的呢?"三百廛"毛传:"一夫之居曰廛。"孔颖达疏:"胡取禾三百夫之田谷兮?"这不是讲得很清楚吗?"三百亿"郑笺:"十万曰亿,三百亿,禾束之数。"这更清楚了,就是禾把的数目。"三百囷"毛传:"圆者为囷。"《释文》:"囷,圆仓。""囷"就是圆的谷仓。原来的字很好懂,旧注也很清楚,你为什么偏要用通假去讲呢?新《辞海》没有采纳俞樾的说法,是对的。新《辞源》于"亿、囷"没有采俞说,是对的,而"廛"字采俞说了,就不对了。我们编字典,一定不要好奇,不要标新立异,而要稳妥。新的见解除非有十分确凿的证据,否则就不要用。因为字典是为大家立个典范,好标新立异,以致采用错误的说法,影响就很不好。还是稳妥一些好。

六、举例不当问题

上文讲"偷"字有偷窃的意思,旧《辞海》举《管子》的例子,就是举例不当,《管子》中的那个"偷"字还是苟且的意思,不是偷窃的意思。再举一个例子,比如"耸"

字,《说文》说:"生而聋曰聋。"一般说文家常举《方言》的例子,《方言》六云:"聋,聋也。生而聋,陈楚江淮之间谓之聋。"这个例子大概没有错。到后来,新《辞源》、新《辞海》都举马融《广成颂》的例子,《广成颂》说:"子野听聋,离朱目眩。"子野就是师旷,是春秋时有名的乐师,耳力最好,耳力最好的人怎么生下来就聋呢?《广成颂》的意思是说,野兽吼的声音很大,大到连子野也听不到东西了,即现在常说的震耳欲聋的意思。这个例子引得不好。

还有一个问题,我们字典里解释一个字,要假定读者是不懂的,不能用甲注乙,又用乙注甲,这样,人家就看不懂了,等于没有注。古人也用这个方法,叫做互训,这种互训的方法是不好的,我们现在编字典,应该避免这种情况发生。

以上这些问题是杂谈。这里讲的是关于《辞源》之类的问题,编现代汉语词典不在此例,那有更多的新的问题了,如新语词的外语来源问题,等等。

我对编字典没有经验,写过一篇文章叫《理想的字典》,想编一本《了一小字典》,也只写了几个词条。所以就随便谈这些,供同志们参考。

原载《辞书研究》1983年第2期

"本"和"通"

《古代汉语》古汉语通论(六)《古今字、异体字、繁简字》一文是马汉麟教授写的,是我同意的。马汉麟教授已经去世,我来答复有关的问题。

所谓本字,指本来有的字。人们不写本来已有的字,而写一个同音字,那才是通假字。如果作者所处的时代这个字还没有产生,那就无从"通"起。作者当时认为这个字本来是这样写的,他并不是假借。后人说他假借,是冤枉他。这在我们注释古书时是一个重要的原则。编字典、辞书时也是一个重要原则。

最近我在《辞源》座谈会上称赞《辞源》修订得好,其中有一条就是说后起的谐声字不叫"同"或"通",例如"坐"字,1915年本说是与"座"通,举《汉书》"在便坐受事"为例。1964年修订本也说通"座",举《史记》

"劾灌夫骂坐不敬"为例。这都是不对的。班固时代还没有"座"字,他怎么能通?1979年修订本改为"座"的本字,那才对了。"坐"是"座"的本字。"座"是王筠所谓的分别字。我在《同源字典》中称为区别字。我们并不反对区别字,而且认为区别字是一种进步。名词的"坐",后人写作"座",以别于动词的"坐",很有好处。同时,我们应尊重汉字发展的事实,不能倒果为因。

再以"说"字为例。《说文》:"说,说释也。"段注:"说释即悦怿,说悦、释怿皆古今字。"据此,"说"是"悦"的本字,我们不能反过来说,"悦"是"说"的本字。

《古代汉语》在这个问题上讲得不够透彻,今后修订时,应该讲得透彻些,以免引起误解。

原载《辞书研究》1980年第1期

新字义的产生

咱们查字典的时候,常常看见一个字不止有一个意义,甚至有多到几十个意义的。但是,咱们应该知道,这些字义并不是同时产生的,有时候他们的时代相隔一二千年。现在一般的字典对于每一字的意义,并没有按照时代来安排,所以单凭字典并不能看出字义产生的先后,例如"翦"字,依《辞海》里说,第一个意义是"翦刀曰翦",第二个意义是"断也",其实第二个意义比第一个意义早了千余年。又如"尼"字,依《辞海》里说,第一个意义是"女僧也",第二个意义是山名,其实第二个意义也比第一个意义早了千年或八九百年。

新义和古义的关系,并不像母子的关系。先说,新义不一定是由古义生出来的(见下文),再说,即就那些由古义生出来的新义而论,几千年前的古义往往能和几千年后的新义同时存在，甚至新义经过若干时期之后，由衰老以至于死亡，而古义却像长生不老似的。若勉强以母子的关系相比，可以说是二千岁的老太婆和她的儿子、孙子、曾孙、玄孙、来孙、晜孙、礽孙、云孙累代同堂。有时候，二千岁的老太婆还有二三十岁的晚生儿子；又有时候，儿子、孙子、重孙子都死了，而老太婆巍然独存，她的年纪虽老，却毫无衰老的状态，当如《汉武帝内传》里所描写的西王母，看去只像三十岁的人。当然，也有些老太婆早已死去，只剩她的孙子或重孙子的；但是，二千岁以上的老太婆现在还活着的毕竟占大多数。以上所说的譬喻颇近似于神话，实际的人生不会是这样的。所以我们说，新义和古义的关系并不像母子的关系。

由上文所说，新义的产生可以分为两类：第一是孳生；第二是寄生。所谓孳生，就是由原来的意义生出一种相近的意义。古人把这种情况叫做引申，例如上文所举的"翦"字（即今之"剪"字），由剪断的意义引申，于是用以剪断的一种工具也叫做"翦"（即剪子），两种意义很相近，不过一个是动词，一个是名词而已。所谓寄生，却不是由原来的意义生出来的，只是毫不相干的一种意义，偶然寄托在某一个字的形体上。但是，等到寄生的时间长了，也就往往和那字不能再分离了。古人把这种情况叫做假借，例如上所举的"尼"字，尼山的意义和尼姑的意义是毫无关系的，不过偶然遇合而已。由此看来，孳生还有点像母子关系（但严格说起来也不像，见上文），寄生就连螟蛉子也不很像，只是寄人篱下罢了。但是，如果原来的意义消灭了，新义独占一字，也就变成了鸠占鹊巢，例如"仔"字本是挑担的意思，现在只当仔细字讲；"骗"字本是跃而乘马的意思，现在只当欺骗字讲。有时候，寄生的字本身也可以孳生，恰像螟蛉子也可以有他亲生的儿子，所以有些字所包含的几个意义是孳生、寄生的关系都有，而且它们之间的关系是相当复杂的。

孳生的情形是很有趣的。许多孳生的意义都不像上文所说的"蒻"字那样简单。有时候，它们渐变渐远，竟像和最初的意义毫无关系似的。这好比曾祖和曾孙的面貌极不相像。但如果把他们祖孙四代集合在一处来仔细观察，却还看得出那祖父有几分像那曾祖，那父亲又有几分像那祖父，那儿子也有几分像那父亲，例如"皂"字的本义是黑色（古人说"不分皂白"就是"不分黑白"）；皂荚之得名，由于它熟后的颜色是黑的。皂荚之中有一种开白花的，荚厚多肥，叫做肥皂荚，省称为"肥皂"，可以为洗衣之用。后来西洋的石碱传入中国，江浙一带的人因为它的功用和肥皂荚相同，所以称为"洋肥皂"，后来又省去"洋"字，只叫做"肥皂"。其中有一种香的肥皂，又省去"肥"字，只称"香皂"，于是，"皂"字的意义竟等于"石碱"的意义，也就是北方所谓"胰子"。由黑色的意义转到"胰子"的意义上去，几乎是不可思议。谁看见过胰子是黑的（不是不可能，却是罕见）？但如果咱们追溯"香皂"的"皂"字的意义来源，却又不能说它与黑色的意义没有关系。

有时候，孳生和寄生的界限，似乎不很清楚。说是孳生罢，却并非由本义引申而来；说是寄生罢，却不像上文所举仔细的"仔"、欺骗的"骗"，和它们的本义毫无关系。例如"颜"字的本义是"眉目之间也"，"色"字的本义是"眉目之间的表情"，所以"颜、色"二字常常连用。但那"色"字另有一个意义是色彩。这色彩的意义是"颜"字本来没有的，只因"颜、色"二字常常相连，"色"字也就把色彩的意义传染给"颜"了。于是"颜色"共有两种意义：其一是当容色讲，另一是当色彩讲。到了后来，后一种意义渐渐占了优势，至少在口语里是如此。但是，在起初的时候，"颜"字还不能单独地表示色彩的意义，例如"目迷五色"不能说成"目迷五颜"，"杂色的花"不能说成"杂颜的花"。直到"颜料"这一个新名词出世之后，"颜"字才开始单独地表示色彩的意义了。乍看起来，"颜"

字产生这色彩的意义似乎是孳生，其实只是寄生。不过，有了传染的情形，就不是普通的寄生了，咱们可以把这种情形叫做特别的寄生。

新字义的产生，有时候是由于自然的演变，有时候是由于时代的需要。所谓自然的演变，就是语言里对于某一意义并非无字可表，只是某字随着自然的趋势，生出一种新意义来，以致造成一种一义多字的情形，例如既有"皆"，又有"都"；既有"嗅"，又有"闻"；既有"代"，又有"替"，等等。所谓时代的需要，是社会上产生一种新事物，需要一个新名称，人们固然可以创造一个新字或新词，但也可以假借一个旧字而给它一种新的意义，例如"枪"字，本来指的是刀枪剑戟的枪，后来又指现代兵器的枪。"礮"字（"炮"字），本来指的是发石击人的一种机器，后来又指现代兵器的炮。大致说来，由于自然的演变的情形居大多数，由于时代的需要的情形是颇为少见的。

除了上面的两种原因之外，新字义的产生还有两种原因：第一是忌讳，第二是谬误的复古。

从前皇帝的名字是要避讳的，就是所谓庙讳。因为避讳，该用甲字的时候，往往用乙字来替代，于是乙字就添了一种新的意义，例如"祖孙三代"在唐以前本该说成"祖孙三世"，因为唐太宗的名字是李世民，所以唐朝人就改"世"为"代"了。最有趣的是，唐亡之后，应该可以不必再讳言"世"字，然而大家用惯了"祖孙三代"的说法，也就很少人想恢复"祖孙三世"的说法了。从此以后，"代"字就增加了一种新的意义了。

所谓谬误的复古，是写文章的人存心要运用古义，但是因为学力不足，他们所认为的古义却是一种杜撰的新义，例如清代的笔记小说里，有许多"若"字是当"他"字讲的，其实"若"字的古义是"你"，不是"他"。又如现代书报上的"购"字当"买"字讲，其实"购"字的古义只是"悬赏征求"，不是"买"。以"若"为"他"之类，恐怕还有人指摘；至于以"购"为"买"之类，大家都已经习非成是了。求古而得新，这是爱用古义的人所料想不到的。然而这种情形可见不少。

关于新字义的产生，我们这几段话不过是随便说说而已，若要仔细研究，应该时时留心每一个字的新旧意义，咱们首先要问：这个意义是什么时候就有了的？其次要问：这个意义是怎么样产生出来的？咱们虽然不能完全解决这个问题，但是由这些问题所引起的兴趣已经是无穷的了。

1942 年 7 月 17 日

原载《国文杂志》第 1 卷第 2 期

说"江、河"

前些日子,我收到《天津师专学报》编辑部的一封来信,说是他们收到唐山市的两位语文教师的一篇稿子,对我在《古代汉语常识》中关于"江、河"两词的解释提出商榷意见,希望我答复。我已经答复了,意有未尽,所以我再写这一篇文章。

我屡次强调读古书要有历史观点。我写这篇文章的目的也是借"江、河"二字来说明历史观点的重要性。

我在《古代汉语常识》22页上说:

〔江〕古人所谓"江",专指长江,如"楚人有涉江者"(《吕氏春秋·刻舟求剑》)。

〔河〕古人所谓"河",专指黄河。如"为治斋宫河上"(《史记·西门豹治邺》)。"江、河"二字连用时，专指长江、黄河。如"假舟楫者，非能水也，而绝江河"（《荀子·劝学》）。

唐山两同志批评我说："清、明、元、宋、唐各朝代的人，算不算古人？若算，'江'就不专指长江，'河'也不专指黄河。"这个批评意见是对的。我应该说上古时代，不应该泛指古人。但是，即使在唐代以后，"江、河"也不是大川的通称。说见下文。

"江、河"二字的本义是什么？这件事情最关重要。《说文解字》说：

河，水出敦煌塞外昆仑山，发原注海。
江，水出蜀湔氐徼外岷山，入海。

可见专名是"江、河"的本义，通名是"江、河"的引申义。在汉代以前，"江、河"还不当通名用。段玉裁、桂馥、王筠都没有说"江、河"可以用作通名。只有朱骏声引《庄子》"自制河以东"《释文》："北人名水皆曰河。"《后汉书·郦炎传》注："河者，水之总名也。"《经典释文》作者陆德明、《后汉书》注的作者李贤都是唐朝人，不足为凭。

许多人误认通名为"江、河"的本义，专名为"江、河"的引申义，倒果为因，所以就误以为上古时代"江、河"也可以用作通名了。

我在别的地方说过，河的支流也可以称"河"，江的支流也可以称"江"。《尚书·禹贡》："九河既道。"笺引《尔雅》："徒骇一，太史一，马颊三，覆釜四，胡苏五，简六，絜七，钩盘八，鬲津九。"①《尚书·禹贡》："九江孔殷。"疏："传以江是此水大名，九江谓大江分而为九，犹大河分为九河。"②

"江、河"由专名发展为通名，大约经过三个阶段：第一阶段是"九河、九江"之类，都指的是江河支流，没有具体的名称。上古大川的通称是"水"，不是"江、河"，例如"汾水"不叫"汾河"，"湘水"不叫"湘江"。第二阶段大概到了晋代以后，才加上大类名"江、河"，例如《浔阳地记》说九江一曰乌白江，二曰蚌江，三曰乌江，四曰嘉靡江，五曰畎江，六曰源江，七曰廪江，八曰提江，

---

① 蔡沈《蔡氏尚书》说："九河，《尔雅》一曰徒骇，二曰太史，三曰马颊，四百覆鬴，五曰胡苏，六曰简洁，七曰钩盘，八曰鬲津，其一则河之经流也。"蔡说是。

② 蔡沈《蔡氏尚书》说："九江，即今之洞庭也。……今沅水、渐水、元水、辰水、叙水、酉水、沣水、资水、湘水，皆合于洞庭，意以是名九江也。"

九曰箘江。第三阶段是不但长江支流可以称"江",黄河支流可以称"河",而且长江流域的大川都可以称"江",黄河流域的大川都可以称"河",甚至北方一律称"河",南方一律称"江"。这样,可否说这是大川的通称呢?不可以。因为"河"只用于北方,例如汾河不能叫做汾江,湘江不能叫做湘河,珠江不能叫做珠河①。唯一的例外是东北有黑龙江、松花江等,那是很晚的事情了。黑龙江古称黑水,松花江古称粟末水,大约明代以后才改名黑龙江、松花江的②。

为了建立历史观点,在上古书籍中凡是似乎"江、河"解作专名、通名都讲得通的,都应解作专名或江、河的支流。

下面试举出旧《辞海》、新《辞海》、旧《辞源》、新《辞源》四部书关于"江"、"河"的解释,一一加以评论。

(一)旧《辞海》:

〔江〕①大川之通称。《释名·释水》:"江,共也,诸水流于其中,所公共也。"②长江在古时专称曰江,

---

① 《庄子·外物》:"自制河以东。"制河就是浙江。《释文》:"河亦江也,北人名水皆曰河,浙江今在余杭郡。"这正说明浙江应该称江,不应该称河。

② 参看《中国历史地图集》第三十图。

或称江水；后世以江为大川之公称，乃称长江或大江。

〔河〕①流水之通称。《后汉书·郦炎传》："韩信钓河曲。"注："河者，水之总名也。"②黄河在古时专称曰河，或称河水；后以河为大川之公称，乃称黄河或大河。

评：应以"江、河"的本义为第一义；若以通称为第一义，容易令人误解，以为先有通称，后有专称。

"大川之通称"和"流水之通称"的提法不妥。因为北方的大川不称"江"，南方的大川不称"河"。

引《释名·释水》来证明"江"是大川的通称，这是很大的误解。《释名》是声训，不足为凭，而且《释名》的"江"仍旧指长江，不能因它以"公"为训就认为是通称。

《后汉书·郦炎传》的注是不妥的。上文说过，河的支流皆得称"河"，段玉裁、朱骏声都说淮水有一度合于河，那么，韩信钓于淮水，说是钓于河曲，不足为怪，不能由此引出结论，说河是水的总名。再者，《史记》说韩信"钓于城下"，《汉书》说韩信"至城下钓"都没有说到"河曲"。《后汉书》的作者范晔是南北朝时代的人，可能当时北方（长江以北）的大川都称河了。

（二）新《辞海》：

〔江〕①大河流的通称。如黑龙江；珠江。②专指长江。《书·禹贡》："江汉朝宗于海。"（语词分册第955页）

〔河〕①水道的通称。如"内河、运河"。②黄河的专称。（语词分册第971页）

评：这个解释比旧《辞海》好些。同样的缺点是把本义降为第二义，又把"江"解释为大河流的通称，"河"解释为水道的通称。应该说，"江"是南方大河流的通称（东北称江是例外），"河"是北方大河流的通称。新《辞海》为了照顾全面，把"河"字解释为水道的通称，举"内河、运河"为例，那样反而不妥。运河是人工河，河流的通称可以把运河包括在内了。

（三）旧《辞源》：

〔江〕①水名，为中国最大之川。俗称长江。②大川之通称，如黑龙江、钱塘江、珠江之类。

〔河〕①水名。今称黄河，中国之大川也。②水之通称，如"运河、内河"。

评：旧《辞源》的优点是把"江、河"的本义放在第一义，缺点是没有举例。对"河"作为水的通称举"运河、内河"为例不妥，因为"运河、内河"是特殊情况，古书中不常见。这不是典型的例子。

"大川之通称、水之通称"的提法不妥，上文已经说过了。

（四）新《辞源》

〔江〕①古代专指长江。《书·禹贡》："江汉朝宗于海。"②江河的通称。如珠江、松花江。《书·禹贡》："九江孔殷。"《楚辞·屈原〈九歌·湘君〉》："鼂骋骛兮江皋，夕弭节兮北渚。"[①]

〔河〕①黄河。《书·禹贡》："导河积石，至于龙门。"《尔雅·释水》："河出昆仑虚，色白；所渠并千七百一川，色黄；百里一小曲，千里一曲一直。"②河流之通称。《诗·周南·关雎》："关关雎鸠，在河之洲。"

[①] 原编者注：新《辞源》中"湘君"原作"湘夫人"，误，今改为"湘君"；下文照改。

评：新《辞源》把"江、河"的本义放在第一义，这是好的。每个义项都举例，那也是好的（没有例子的字典只是一具骷髅）。但是，举例多错，就变了缺点。"江"字②江河的通称应举浙江、钱塘江为例——因为是"辞源"，应尽可能举较古的例子。下面又举《书·禹贡》"九江孔殷"、《楚辞·九歌·湘君》"鼂骋骛兮江皋"为例，那就更错。上文①说古代专指长江，下文②江河之通称反举《禹贡》《湘君》为例是自相矛盾。我在上文说过，上古时代，江的支流亦得称"江"。但只限于"三江、九江"之类①，并不是在江名的后面加上大类名"江"（如浙江、钱塘江）。《楚辞·九歌·湘君》"鼂骋骛兮江皋"江指的是湘水，湘水是江的支流，故得称"江"。《禹贡》《湘君》的"江"字都是用的本义，并不是江河的通称。关于"河"②河流的通称举《诗·周南·关雎》"关关雎鸠，在河之洲"为例，更是大错。西周在黄河上游，"在河之洲"的"河"自然是指黄河，不必解作河流的通称。新《辞源》的编者这样说是有根据的。朱熹在《关

---

① 朱骏声说："《书·禹贡》：'扬州三江既入。'郑注：'左合汉为北江，会彭蠡为南江，岷江居其中则为中江。'按三江实一江，三者，据上流言之，非截然有三也。"朱说是。

雎》注上说:"河,北方流水之通名。"[1]但是朱熹是没有历史观点的,不可凭信。

我初步考虑,关于"江、河"二字,我们的字典可否这样写:

〔江〕①上古时代长江的专称。《书·禹贡》:"江汉朝宗于海。"在数目字后面,江的支流亦得称江。《书·禹贡》:"九江孔殷。"②南方河流的通称。《史记·项羽本纪》:"于是项王乃欲东渡乌江。"近代东北的河流亦称江,如黑龙江、松花江。

〔河〕①上古时代黄河的专称。《书·禹贡》:"导河积石,至于龙门。"在数目字后面,河的支流亦得称河。《书·禹贡》:"九河既道。"②北方河流的通称。《晋书·舆服志》:"横汾河而祠后土。"

旧《辞海》"河"字有第③义,云:"天汉也。"新《辞海》和新《辞源》都说指银河,这个义项是多余的。天河意思是天上的黄河,并非另有一义。谢朓诗"秋河曙耿

---

[1] 说河是北方流水之通名,比说成"河流之通称"要妥当些,不过他拿这个意义来解释《诗经》的"河"字,那就错了。

耿",只是受五言的限制,省称为"河"罢了。

下面让我答复唐山两同志的商榷意见。

唐山两同志说,我在《古代汉语常识》中所举的三个例子都是错的:第一,"楚人有涉江者"的"江"乃是作者为阐明"先王之法不可得而法"的主张,涉笔成趣,不必真的落实。我不懂,为什么涉笔成趣就不可以指长江。为什么说楚人涉江而不说楚人涉河,正是因为楚国有江没有河。第二,唐山两同志说"为治斋宫河上"(《西门豹治邺》)是指漳河,因为古时邺在今河北临漳西南,漳河流经其上。这个辩驳比较有理由。曾经有一位读者提出同样意见。我在上文说过,黄河的支流也可以称"河"。问题是漳河是不是黄河的支流。今漳河经卫河、海河,入渤海,没有经过黄河。这就牵涉到黄河故道的问题。《说文》漳:"浊漳出上党长子鹿谷山,东入清漳;清漳出沾山大要谷,北入河。"可见漳水在上古时代是黄河的支流。第三,唐山两同志说,《荀子·劝学》"假舟楫者,非能水也,而绝江河"这个"江河"也不专指长江、黄河,应当理解为泛指所有的江河。我在上文说过,为了建立历史观点,在上古书籍中,凡是"江、河"似乎解作专名、通名都讲得通时,都应解作专名。上文所举《诗·周南·关雎》"在河之洲"是这种情况,《荀子·劝学》"假舟楫者,非能水也,而绝江河",也是这种情况。

唐山两同志说,清、明、元、宋、唐各朝代的人算不算古人?若算,那么,"江"就不专指长江,"河"就不专指黄河。他们举杜甫《恨别》"草木变衰行剑外,兵戈阻绝老江边",说此江当指锦江。又举柳宗元诗"孤舟蓑笠翁,独钓寒江雪",说此江当是诗人想象中的不管什么江。又举王昌龄诗"前军夜战洮河北,已报生擒吐谷浑",李颀诗"白日登山望烽火,黄昏饮马傍交河",说"河"都不是指黄河。我在上文说过,江的支流也得称"江",河的支流也得称"河"。杜甫诗"兵戈阻绝老江边","江"指锦江,锦江是长江的支流。柳宗元诗"独钓寒江雪","江"指的是湘水,湘水也是长江的支流,不应该解释为诗人想象中的不管什么江。诗人写的是真实的情景,否则毫无诗味了。王昌龄诗的"洮河",也是黄河的支流。李颀诗的"洨河",原文是"交河",唐山两同志抄错了。《唐诗三百首》注引《汉书》云:"车师前国王治交河城。河水分流绕城下,故号交河。"那么,"交河"实际上指的就是黄河,更没有问题了。洨河又名洨水,在今安徽省,"洨"字读 xiáo,与交河不同,不要误会。要提请注意的是黄河流域称"河",长江流域称"江",不可互换。

唐山两同志说,即使在唐以前,南北朝、两汉人所谓

"江、河",也不专指长江、黄河,如《史记·夏本纪》:"彭蠡既都,阳鸟所居,三江既入,震泽致定。""三江"之"江"是注入彭蠡的三条江,合为一江之"江",才是长江。又如《夏本纪》:"北过降水,至于大陆,北播为九河,同为逆河,入于海。"既为"九河",当然就不专指黄河。又举《史记·乐毅列传》:"遂破骑劫于即墨下,而转战逐燕,北至河。"他们认为,此河在燕,离黄河甚远。关于"三江、九河",我在上文已经解释过了。"三江、九河"很早就出现在《书·禹贡》,《史记》只是照抄《禹贡》的原文。至于《史记·乐毅列传》"转战逐燕,北至河",这个"河"是否指黄河,这又牵涉到黄河故道的问题。按:黄河故道正是流经燕地[①],所以"河"是指黄河。

唐山两同志又举了一些先秦的例子,如《庄子·山木》:"彼其道远而险,又有江山。"说这"江山"当泛指大江大山。《孟子·滕文公上》:"禹疏九河。"所谓九河,也当不专指黄河。《左传·宣公二十年》:"祀于河,作先君宫,告成事而还。"这里的"河",据顾栋高《春秋大事表》当指汴河,古称泲水。《吕氏春秋·古乐》:"疏三江

[①] 参看《中国历史地图集》第六图《战国时代图》和旧《辞海》"黄河故道"条。

五湖，注之东海。"既言"三江"，当不专指长江。关于"三江、九河"，我在前面已经解释过了。汴河在上古是黄河支流，故得称"河"。《庄子·山木》"道远而险"讲的是南越，由鲁国去南越要经过长江①，所以不说"河山"，而说"江山"。

唐山两同志说，《诗·魏风·伐檀》："河水清且涟猗。"这个河，似乎是黄河，但"河水清且涟"，说明河水清澈，又不大像指黄河。又《诗·鄘风·柏舟》："泛彼柏舟，在彼中河。"鄘（两同志误作邶）离黄河甚远，很难说专指黄河。关于"河水清且涟"，似乎很难解释。但若河的支流也得称"河"，就好讲了。《诗·邶风·谷风》："泾以渭浊。"《释文》："泾音经，浊水也；渭音谓，清水也。""河水清且涟"指的是渭水②，那就好讲了。朱熹说："邶、鄘、卫，三国名，在《禹贡》冀州，西阻太行，北逾衡漳，东南跨河。"又说："武王克商，分自纣城，朝歌而北谓之邶，南谓之鄘，东谓之卫，以封诸侯。"由此看来，鄘国当有河水经过，不可谓远。《诗·鄘风·柏舟》"在彼中河"指

---

① 《庄子·山木》："南越有邑焉，名为建德之国。"注："寄之南越，取其去鲁之远也。"

② 今人说，其实是渭浊泾清。不知是古人弄错了呢，还是河名互换了。

的是黄河，毫无疑义。

唐山两同志又说，"江、河"连用，也不见得专指长江、黄河，例如《庄子·天下》："昔禹之湮洪水，决江河而通四夷九州岛也。"这里的"江河"要比长江、黄河的内涵大得多。我说，如果包括江、河支流在内，也就讲得通了。《庄子》在下文说："名山三百，支川三千，小者无数。"正是说明包括江、河的支流（支川）。

我写这篇文章的目的是要说明一个道理：读古书要有历史观点，要注意语言的时代性；要有发展观点，要注意古今词义的差别。今人可以沿用古义，古人绝不会用今义，因为古时还没有这个意义。词义的发展有三种方式：扩大；缩小；转移。"江、河"的词义的发展是扩大型，是由专名发展为通名；许多人误认为缩小型，以为是由通名发展为专名，种种误解由此而生。我希望我这一篇文章能解答读者的疑问。

原载《中学语文教学》1982年第6期

双声叠韵的应用及其流弊

双声、叠韵这两个名词,在现代已不复有神秘的意义。大家都知道:两个字的声纽相同,叫做双声;两个字的韵部相同,叫做叠韵。在这样容易了解的情况之下,有些学者,当应用双声叠韵的道理来帮助他们的议论的时候,还容易陷于谬误。这是什么缘故呢?

原来学者之应用双声叠韵,往往为的是证明历史上的问题,因此,如果不知道古代的声纽与韵部,就不免要弄错了,例如"交"与"际",在今北京是双声,然而在上海已经不是双声,在古代更不是双声;"金"与"银",在今北京上海是叠韵,然而在广州已经不是叠韵,在古代更不是叠韵了。所以我们要谈双声迭韵的时候,首先不要囿于现代方音。这话说来容易,做时就难。常见很好的一篇考据文章,由于错认了双声叠韵,就成了白圭之玷。若要免于错误，最好的方法就是查书。关于双声，可查黄侃的《集韵声类表》；关于上古叠韵，可查江有诰的《谐声表》（在《音学十书》内）；关于中古叠韵，可查《广韵》。

除了普通的双声之外，还有古双声与旁纽双声。古双声例如"门"与"问"（"门"明母，"问"微母）、"丁"与"张"（"丁"端母，"张"知母）；旁纽双声例如"忌"与"骄"（"忌"群母，"骄"见母）、"天"与"地"（"天"透母，"地"定母）。在适当的情形之下，古双声与旁纽双声都可应用；但最好是加注说明，否则读者也许以为作者连守温三十六字母也还没弄清楚。再者，关于古双声，尚有些未解决的问题（例如端照双声、定喻双声等）；至于旁纽双声，又不如正纽双声之可靠。注明了，可以表示作者之认真，不愿以不十分可靠的双声冒充双声。

普通所谓叠韵往往是指古叠韵而言（因为往往是考据上古的史料才去谈叠韵），似乎不必加注说明了。但是，为了读者的便利，我们最好加以说明，例如要说"思、才"叠韵，最好是注明"思、才"皆属古音之部。

双声叠韵的证明力量是有限的，前辈大约因为太重视音韵之学了，所以往往认双声叠韵为万能。其实，无论在何种情况之下，双声叠韵只能做次要的证据。如果是既双声，又叠韵，则其可靠的程度还可以高些，因为这样就是同音或差不多同音（如仅在韵头有差别），可以认为同音相假；至于只是双声或只是叠韵，那么，可靠的程度更微末了；再加上古双声、旁纽双声、旁转、对转等等说法，通假的路越宽，越近于胡猜。试把最常用的二三千字捻成纸团，放在碗里搞乱了，随便拈出两个字来，大约每十次总有五六次遇着双声叠韵，或古双声、旁纽双声、旁转、对转。拿这种偶然的现象去证明历史上的事实，这是多么危险的事！由此看来，当我们要证明某一历史事实的时候，必须先具备直接的充分证据，然后可以拿双声叠韵来帮助证明；我们决不该单凭双声叠韵去做唯一的证据。

前辈对于双声叠韵最为滥用者，要算方言之研究。章太炎先生一部《新方言》，十分之八九是单凭双声叠韵（或同音）去证明今之某音出于古之某字。大致说起来，他的方法是，先博考群书，证明某字确有此种意义，然后说明现代某处口语中有音与古籍中某字之音义皆相同或相近（音相近即双声或叠韵），因而证明今之某音即古之某字，例如《新方言》二，页53：

> 《说文》，悸，心动也，其季切，今人谓惶恐曰"悸"，以北音"急"读去声，遂误书"急"字为之。

依这一段文章看来，可以分析成为下面的逻辑：

1. 古"悸"字有心动义；

2. 今"急"字有惶恐义；

3. 古"悸"字与今"急"字音相近（"悸"群母，"急"见母，旁纽双声）；

4. 古"悸"字与今"急"字义相近（心动与惶恐同属心情之变化）；

5. 故今"急"字即由古"悸"字演变而来。

1、2、3、4 都是原有的判断，5 才是推演出来的另一判断，因此，1、2、3、4 都是不错的，只是 5 就犯了推理上的谬误了。像 5 这种结论，如果我们补出它的大前提，成为三段论法，就是：

凡古字与今字音义相近者，必系同字之演变；

今"悸"与"急"音义相近；

故"悸"字与"急"字系同字之演变。

这么一分析，我们就会觉得这个大前提说不通。因为古今字音义相近者甚多，未必皆是同字之演变。若依这个大前提去研究方言，决不能得到颠扑不破的结论。假如另有人说具惶恐意义的急字（急字是否与惶恐之义完全相当，也是疑问，现在姑且假定是相当的）是从古代兢字演变而来（"兢"见纽，"急"亦见纽，是双声，《诗·云汉》"兢兢业业"，传："兢，恐也。""兢"与"急"音义更相近），我们就没法判断谁更有理。这样研究方言，可以"言人人殊"，除令人钦佩作者博闻强记之外，对语言的历史实在没有什么大贡献。

不过，这种研究法所得的结论可靠的程度也不能一律。大约音义相同或差不多相同者，其可靠程度较高；仅仅音义相近者，其可靠程度较低，例如《新方言》同页：

《说文》，悑，惶也，或作"怖"，普故切，今人谓惶惧曰"怖"，转入祃韵，以怆怕字为之。唐义净译佛律已作怕惧，此当正者。

这是可靠程度较高的，因为："怖"与"怕"既双声又叠韵（"怖"和"怕"声同属滂母，又同属古韵鱼部），而且鱼部在上古很有念 -a 的可能，则怕（pà）也许就是古音的残留；"怖"与"怕"都有惶惧的意义，不像"悸"之心动与"急"之惶恐毕竟相差颇远。由此看来，"怖、怕"之相承，并非单凭双声叠韵的证明。因此更可见双声叠韵不足为主要证据。

除了研究方言之外，讲训诂的人也往往应用双声叠韵。有时候，别的证据很多，再加上双声或叠韵为证，固然更有力量；但有时仅以双声或叠韵为据，说了也几乎等于没有说。又如近人要证明古书人名地名的异文，也往往单凭双声叠韵为证，这至多只能认为一种尚待证明的猜想。譬如我们要证明庄周即杨朱，或阳子居即杨朱，我们就该努力来寻求更有力的证据，不可以双声叠韵之说为满足（"庄、杨"叠韵，"周、朱"双声，音颇相近，"子、朱"只可认为准古双声，"居、朱"又可算是旁转，故"阳子居"与"杨朱"音不甚近）。其他一切考证，都是这个道理。

总之，我们做学问，猜想本来是可以的。但是，作者必须明显地承认这是一种猜想，读者也该了解这是一种猜想。我们不能再认双声叠韵为万能。它们好比事实的影子，当我们看见某一个影子很像某一件事实的时候，自然可以进一步而求窥见事实的真面目；如果只凭那影子去证明事实，那就等于"捕风捉影"了。

原载燕京大学《文学年报》第 3 期

［收入《汉语史论文集》时的附记］这篇短文是 1937 年发表的，到现在已经二十年了。其中谈的都是极浅近的道理，似乎没有收入《汉语史论文集》的必要。但是，就

在最近的一二年来，仍旧有许多人把双声叠韵看作是从语言学上考证古代历史和古代文学史的法宝，因此，把这篇文章再印出来，也还不算是浪费纸墨。

1956.12.10

略论语言形式美

　　语言的形式之所以能是美的,因为它有整齐的美、抑扬的美、回环的美。这些美都是音乐所具备的,所以语言的形式美也可以说是语言的音乐美。在音乐理论中,有所谓音乐的语言;在语言形式美的理论中,也应该有所谓语言的音乐。音乐和语言不是一回事,但是二者之间有一个共同点:音乐和语言都是靠声音来表现的,声音和谐了就美,不和谐就不美。整齐、抑扬、回环,都是为了达到和谐的美。在这一点上,语言和音乐是有着密切的关系的。

　　语言形式的美不限于诗的语言;散文里同样可以有整齐的美、抑扬的美和回环的美。从前有人说,诗是从声律最优美的散文中洗炼出来的;也有人意识到,具有语言形式美的散文却又正是从诗脱胎出来的。其实在这个问题上讨论先有鸡还是先有蛋是没有意义的;只要是语言,就可能有语言形式美存在,而诗不过是语言形式美的集中表现罢了。

一、整齐的美

在音乐上,两个乐句构成一个乐段。最整齐匀称的乐段是由长短相等的两个乐句配合而成的,当乐段成为平行结构的时候,两个乐句的旋律基本上相同,只是以不同的终止来结束。这样就形成了整齐的美。同样的道理应用在语言上,就形成了语言的对偶和排比。对偶是平行的、长短相等的两句话;排比则是平行的、但是长短不相等的两句话,或者是两句以上的、平行的、长短相等的或不相等的话。

远在第二世纪,希腊著名历史学家普鲁塔克就以善用排比的语句为人们所称道。直到现在,语言的排比仍然被认为修辞学的重要手段之一。但是,排比作为修辞手段虽然是人类所共有的,对偶作为修辞手段却是汉语的特点所决定的[①]。古代汉语以单音词为主。现代汉语虽然双音词颇多,但是这些双音词大多数都是以古代单音词作为词素的,各个词素仍旧有它的独立性。这样就很适宜于构成音节数量相等的对偶。对偶在文艺中的具体表现就是骈体文和诗

---

① 当然,和汉语同一类型的语言也能有同样的修辞手段。

歌中的偶句。

骈偶的来源很古。《易·乾卦·文言》说:"同声相应,同气相求。"《左传·僖公三十三年》说:"武夫力而拘诸原,妇人暂而免诸国。"《诗·召南·草虫》说:"喓喓草虫,趯趯阜螽。"《邶风·柏舟》说:"觏闵既多,受侮不少。"《小雅·采薇》说:"昔我往矣,杨柳依依;今我来思,雨雪霏霏。"这种例子可以举得很多。

六朝的骈体文并不是突然产生的,也不是由谁规定的,而是历代文人的艺术经验的积累。秦汉以后,文章逐渐向骈俪的方向发展,例如曹丕《与朝歌令吴质书》说:"高谈娱心,哀筝顺耳。驰骋北场,旅食南馆。浮甘瓜于清泉,沉朱李于寒水。"又说:"节同时异,物是人非。"这是正向着骈体文过渡的一个证据。从骈散兼行到全部骈俪,就变成了正式的骈体文。

对偶既然是艺术经验的积累,为什么骈体文又受韩愈等人排斥呢?骈体文自从变成一种文体以后,就成为一种僵化的形式,缺乏灵活性,从而损害了语言的自然。骈体文的致命伤还在于缺乏内容,言之无物。作者只知道堆砌陈词滥调,立论时既没有精辟的见解,抒情时也没有真实的感情。韩愈所反对的也只是这些,而不是对偶和排比。他在《答李翊书》里说:"唯陈言之务去。"又在《南阳樊绍述墓志铭》里说:"唯古于词必己出,降而不能乃剽贼。"他并没有反对语言中的整齐的美。没有人比他更善于用排比了:他能从错综中求整齐,从变化中求匀称。他在《原道》里说:"博爱之谓仁,行而宜之之谓义,由是而之焉之谓道,足乎己无待于外之谓德。"又说:"是故君者出令者也,臣者行君之令者也,民者出粟米麻丝、作器皿、通货财,以事其上者也。"这样错综变化,就能使文气更畅。尽管是这样,他也还不肯放弃对偶这一个重要的修辞手段。他的对偶之美,比之庾信、徐陵,简直是有过之无不及。试看他在《送李愿归盘谷序》所写的"坐茂树以终日,濯清泉以自洁";在《进学解》所写的"纪事者必提其要,纂言者必钩其玄";在《答李翊书》所写的"养其根而俟其实,加其膏而希其光。根之茂者其实遂,膏之沃者其光晔"。哪一处不是文质彬彬、情采兼备的呢?

总之,如果我们能够做到整齐而不雷同,匀称而不呆板,语言中的对偶和排比,的确可以构成形式的美。在对偶这个修辞手段上,汉语可以说是"得天独厚",这一艺术经验是值得我们继承的。

二、抑扬的美

在音乐中,节奏是强音和弱音的周期性的交替,而拍子则是衡量节奏的手段。譬如你跳狐步舞,那是四拍子,第一拍是强拍,第三拍是次强拍,第二、四两拍都是弱拍;又譬如你跳华尔兹舞,那是三拍子,第一拍是强拍,第二、三两拍都是弱拍。

节奏不但音乐里有,语言里也有。对于可以衡量的语音单位,我们也可以有意识地让它们在一定时隙中成为有规律的重复,这样就构成了语言中的节奏。诗人常常运用语言中的节奏来造成诗中的抑扬的美。西洋的诗论家常常拿诗的节奏和音乐的节奏相比,来说明诗的音乐性。在这一点上说,诗和音乐简直是孪生兄弟了。

由于语言具有民族特点,诗的节奏也具有民族特点。音乐的节奏只是强弱的交替,而语言的节奏却不一定是强弱的交替;除了强弱的交替之外,还可以有长短的交替和高低的交替①。譬如说,在希腊语和拉丁语中,长短音的区别很重要,希腊诗和拉丁诗的节奏就用的是长短律;在英语和俄语中,轻重音的区别很重要,英国诗和俄国诗的节奏就用的是轻重律。因此,希腊、罗马诗人的抑扬概念跟英、俄诗人的抑扬概念不同。尽管用的是同样的名称,希

---

① 上文所说的都是可衡量的语音单位,因音的长度、强度、高度都是可以衡量的。

腊、罗马诗人所谓抑扬格指的是一短一长，英、俄诗人指的是一轻一重；希腊、罗马诗人所谓扬抑格指的是一长一短，英、俄诗人指的是一重一轻；希腊、罗马诗人所谓抑抑扬格指的是两短一长，英、俄诗人指的是两轻一重；希腊、罗马诗人所谓扬抑抑格指的是一长两短，英、俄诗人指的是一重两轻[1]。

汉语和西洋语言更不相同了。西洋语言的复音词很多，每一个复音词都是长短音相间或者是轻重音相间的，便于构成长短律或轻重律；汉语的特点不容许有跟西洋语言一样的节奏。那么，汉语的诗是否也有节奏呢[2]？

从传统的汉语诗律学上说，平仄的格式就是汉语诗的节奏。这种节奏，不但应用在诗上，而且还应用在后期的骈体文上，甚至某些散文作家在他们的作品中也灵活地用

---

[1] 抑扬格原文是 iambus，扬抑格原文是 trochee，抑抑扬格原文是 anapaest，扬抑抑格原文是 dactyl。

[2] 由于西洋诗论家讲节奏，中国诗论家有时候也跟着讲节奏，但是其中有些是讲错了的。我在《中国格律诗的传统和现代格律诗的问题》中说："平常我们对于节奏往往只有一个模糊的概念。假定诗句中每两个字一顿，既然每顿的字数均匀，就被认为有了节奏。有时候，每顿的字数并不均匀，有三字一顿的，有两字一顿的，但是，每行的顿数相等，也被认为有节奏。有时候，不但每顿的字数不相等，连每行的字数也不相等，只要有了一些顿，也被认为有节奏。其实顿只表示语音的停顿，它本身不表示节奏；顿的均匀只表示形式的整齐，也不表示节奏。"

上了它。

平仄格式到底是高低律呢，还是长短律呢？我倾向于承认它是一种长短律。汉语的声调和语音的高低、长短都有关系，而古人把四声分为平仄两类，区别平仄的标准似乎是长短，而不是高低。但也可能既是长短的关系，又是高低的关系。由于古代汉语中的单音词占优势，汉语诗的长短律不可能跟希腊诗、拉丁诗一样。它有它自己的形式。这是中国诗人们长期摸索出来的一条宝贵的经验。

汉语诗的节奏的基本形式是平平仄仄，仄仄平平。这是四言诗的两句。上句是两扬两抑格，下句是两抑两扬格。平声长，所以是扬；仄声短，所以是抑。上下两句抑扬相反，才能曲尽变化之妙。《诗·周南·关雎》诗中的"参差荇菜，左右流之"，就是合乎这种节奏的。每两个字构成一个单位，而以下字为重点，所以第一字和第三字的平仄可以不拘。《诗·卫风·伯兮》诗中的"岂无膏沐？谁适为容！"同样是合乎这种节奏的。在《诗经》时代，诗人用这种节奏，可以说是偶合的，不自觉的，但是后来就渐渐变为自觉的了。曹操《短歌行》的"譬如朝露，去日苦多""周公吐哺，天下归心"；《土不同》的"心常叹怨，戚戚多悲"；《龟虽寿》的"神龟虽寿，犹有竟时""养怡之福，可得永年"，这些就不能说是偶合的了。这两个平仄格式的次序可以颠倒过来,而抑扬的美还是一样的。曹操的《土不同》的"水竭不流,冰坚可蹈";《龟虽寿》的"烈士暮年,壮心不已",就是这种情况①。

有了平仄的节奏,这就是格律诗的萌芽。这种句子可以称为律句。五言律句是四言律句的扩展;七言律句是五言律句的扩展。由此类推,六字句、八字句、九字句、十一字句,没有不是以四字句的节奏为基础的。

五字句比四字句多一个字,也就是多一个音节。这一个音节可以加在原来四字句的后面,叫做加尾;也可以插入原来四字句的中间,叫做插腰。加尾要和前一个字的平仄相反,所以平平仄仄加尾成为平平仄仄平,仄仄平平加尾成为仄仄平平仄;插腰要和前一个字的平仄相同,所以平平仄仄插腰成为平平平仄仄,仄仄平平插腰成为仄仄仄平平。

五言律诗经过了一个很长的逐渐形成的过程。曹植的《箜篌引》有"谦谦君子德,磬折欲何求"。《白马篇》有"边城多警急,胡虏数迁移"。《赠白马王彪》有"孤魂翔故域,灵柩寄京师"。《情诗》有"游鱼潜绿水,翔鸟薄天飞"。这些已经是很完美的五言律句了,但是这种上

---

① 盛唐以后,诗的节奏又有改进。平收的四字句,其中的第三字尽可能不用仄声。平收的七字句,前四字是由仄仄平平组成,其中的第三字也尽可能不用仄声,直到宋词都是如此。

下平仄相反的格式还没有定型化。曹植还写了一些平仄相同（后人叫做失对）的句子，例如《美女篇》的"明珠交玉体，珊瑚间木难"。沈约在《宋书·谢灵运传论》里说："欲使宫羽相变，低昂互节。"又说："若前有浮声，则后须切响。一简之内，音韵尽殊；两句之中，轻重悉异。"到了这个时候，诗的平仄逐渐有了定格。但是齐梁的诗仍有不对、不粘的律句。沈约自己的诗《直学省秋卧》："秋风吹广陌，萧瑟入南闱。愁人掩轩卧，高窗时动扉。虚馆清阴满，神宇暧微微。网虫垂户织，夕鸟傍檐飞。缨佩空为忝，江海事多违。山中有桂树，岁暮可言归。"分开来看，句句都是律句[1]；合起来看，却未能做到多样化的妙处，因为不粘、不对的地方还很多[2]。到了盛唐，律诗的整个格式才算定型化了。

从五言律诗到七言律诗，问题很简单：只消在每句前面加上平仄相反的两个字就成了。从此以后，由唐诗到宋词，由宋词到元曲，万变不离其宗，总不外是平仄交替这个调调儿[3]。七减四成为三字句，二加四成为六字句，三加

---

[1] "愁人"句是律句的变格。参看拙著《诗词格律》。
[2] 后人模仿这种诗体，叫做齐梁体。
[3] 关于诗词的格律，参看拙著《诗词格律》和《诗词格律十讲》，这里不再叙述。

五成为八字句，四加五或二加七成为九字句，如此等等，可以变出许多花样来。甚至语言发展了，声调的种类起了变化，而平仄格式仍旧不变。试看马致远的《秋思》："利名竭，是非绝。红尘不向门前惹，绿树偏宜屋角遮，青山正补墙头缺。更那堪竹篱茅舍！"这个曲调是《拨不断》，头两句都要求收音于平声，第五句要求收音于仄声，按《中原音韵》，"竭"和"绝"在当时正是读平声，"缺"字在当时正是读仄声（去声）。当时的入声字已经归到平上去三声去了，但是按照当代的读音仍旧可以谱曲。

直到今天，不少的民歌，不少的地方戏曲，仍旧保存着这一个具有民族特点的、具有抑扬的美的诗歌节奏。汉语的声调是客观存在的，利用声调的平衡交替来造成语言中的抑扬的美，这也是很自然的。

有人把意义的停顿和语言的节奏混为一谈，那当然是不对的。但是，它们二者之间却又是有密切关系的。

先说意义的停顿和语言的节奏的分别。任何一句话都有意义的停顿，但并不是每一句话都有节奏；正如任何人乱敲钢琴都可以敲出许多不同的声音并造成许多停顿，但是我们不能说乱敲也能敲出节奏来。再说，意义的停顿和语言的节奏也有不一致的时候，例如杜甫《宿府》的"永夜角声悲自语，中天月色好谁看"，意义的停顿是"角声悲"和"月色好",语言的节奏是"悲自语"和"好谁看"①。

再说意义的停顿和语言的节奏的关系。这是更重要的一方面。这对于我们理解骈体文和词曲的节奏是有着极其重要的意义的。

在骈体文的初期,文学家们只知道讲求整齐的美,还来不及讲求抑扬的美。但是,像上文所举的曹丕《与朝歌令吴质书》那样,以"心"对"耳",以"场"对"馆",以"泉"对"水",恰好都是以平对仄,节奏的倾向是相当明显的。至于下文的"节同时异,物是人非",那简直是声偶俱工了。到了南北朝的骈体文,越来越向节奏和谐方面发展,像上文所举沈约《谢灵运传论》"若前有浮声,则后须切响……",已经和后期的骈体文相差无几。从庾信、徐陵开始,已经转入骈体文的后期,他们把整齐的美和抑扬的美结合起来,形成了语言上的双美。但是,我们必须从意义的停顿去看骈体文的节奏,然后能够欣赏它。像曹丕所说的"浮甘瓜于清泉,沉朱李于寒水",决不能割裂成为"浮甘|瓜于|清泉,沉朱|李于|寒水",而必须按照意义停顿,分成"浮甘瓜|(于)|清泉,沉朱

---

① 有些诗论家把这种情况叫做"折腰"。

李｜(于)寒水"，以"瓜、李"为重点，然后以平对仄的节奏才能显露出来。

在骈体文中，虚词往往是不算在节奏之内的。自从节奏成为骈体文的要素之后，对偶就变成了对仗。对仗的特点是上句和下句的平仄要相反，两句在同一个位置上的字不能雷同（像"同声相应，同气相求"就才算对偶，不算对仗）。律诗在这一点上受了骈体文的影响，因为律诗的中两联一般是用对仗的。骈体文的对仗和律诗的对仗稍有不同；骈体文在对仗的两句中，虚词是可以雷同的。字的雷同意味着平仄的雷同。由于虚词不算在骈体文的节奏之内，所以这种雷同是可以容许的。骆宾王《为徐敬业讨武氏檄》最后两句不应该分成"请看｜今日｜之域｜中，竟是｜谁家｜之天｜下"，而应该分成｜"请看｜今日｜域中，竟是｜谁家｜天下"，它的平仄格式是⊕平⊗仄⊕平，⊗仄⊕平⊗仄（"看"字读平声），正是节奏和谐的句子。王勃《滕王阁序》"穷睇眄于中天，极娱游于暇日"，应该分成"穷｜睇眄｜中天，极｜娱游｜暇日"；蒲松龄《聊斋自志》"披萝带荔，三闾氏感而为骚；牛鬼蛇神，长爪郎吟而成癖"，应该分成"披萝｜带荔，三闾氏｜感｜为骚；牛鬼｜蛇神，长爪郎｜吟｜成癖"，也是这个道理。有时候，上下句的虚词并不相同，只要是虚词对虚词，也应该用同样的分析法，例如王勃《滕王阁序》"酌贪泉而觉爽，处涸辙以犹欢"，也应该分成"酌｜贪泉｜觉爽，处｜涸辙｜犹欢"。又如"落霞与孤鹜齐飞，秋水共长天一色"，也应该分成"落霞｜孤鹜｜齐飞，秋水｜长天｜一色"。

在词曲中，同样地必须凭意义的停顿去分析节奏。柳永《雨霖铃》的"更那堪冷落清秋节"，必须吟成上三下五，然后显得后面是五言律句的平仄。马致远《寿阳曲》的"断桥头卖鱼人散"，必须吟成上三下四，然后显得后面是仄平平仄的四字句，而这种平仄正是词曲所特有的。

曲中有衬字。衬字也是不算节奏的，而且比骈体文中的虚词更自由，例如关汉卿《窦娥冤》第三折《耍孩儿》的后半段："〔我不要〕半星热血红尘洒，〔都只在〕八尺旗枪素练悬。〔等他四下里〕皆瞧见，〔这就是咱〕苌弘化碧，望帝啼鹃。"方括号内的字都是不入节奏的。

新诗的节奏不是和旧体诗词的节奏完全绝缘的。特别是骈体文和词曲的节奏，可以供我们借鉴的地方很多。已经有些诗人在新诗中成功地运用了平仄的节奏。现在试举出贺敬之同志《桂林山水歌》开端的四个诗行来看：

> 云中的神啊，雾中的仙，
> 神姿仙态桂林的山！
>
> 情一样深啊，梦一样美，
> 如情似梦漓江的水！

这四个诗行同时具备了整齐的美、抑扬的美、回环的美。整齐的美很容易看出来，不必讨论了；回环的美下文还要讲到，现在单讲抑扬的美。除了衬字（"的"字）不算，"神姿仙态桂林山"和"如情似梦漓江水"十足地是两个七言律句。我们并不说每一首新诗都要这样做；但是，当一位诗人在不妨碍意境的情况下能够锦上添花地照顾到语言形式美，总是值得颂扬的。

不但诗赋骈体文能有抑扬的美，散文也能有抑扬的美，不过作家们在散文中把平仄的交替运用得稍为灵活一些罢了。我从前曾经分析过王安石的《读孟尝君传》，认为其中的腔调抑扬顿挫，极尽声音之美，例如"孟尝君｜特｜鸡鸣｜狗盗｜之雄（耳），岂足｜以言｜得士"，这两句话的平仄交替是那样均衡，决不是偶合的。前辈诵读古文，摇头摆脑，一唱三叹，逐渐领略到文章抑扬顿挫的妙处，自己写起文章来不知不觉地也就学会了古文的腔调。我们今天自然应该多作一些科学分析,但是如果能够背诵一些现代典范白话文,涵泳其中,抑扬顿挫的笔调,也会是不召自来的。

三、回环的美

回环,大致说来就是重复或再现。在音乐上,再现是很重要的作曲手段。再现可以是重复,也可以是模进。重复是把一个音群原封不动地重复一次,模进则是把一个音群移高或移低若干度然后再现。不管是重复或者是模进,所得的效果都是回环的美。

诗歌中的韵,和音乐中的再现颇有几分相像。同一个音(一般是元音,或者是元音后面再带辅音)在同一个位置上(一般是句尾)的重复,叫做韵。韵在诗歌中的效果,也是一种回环的美。当我们听人家演奏舒伯特或托赛利的小夜曲的时候,翻来覆去总是那么几个音群,我们不但不觉得讨厌,反而觉得很有韵味;当我们听人家朗诵一首有韵的诗的时候,每句或每行的末尾总是同样的元音(有时是每隔一句或一行),我们不但不觉得单调,反而觉得非常和谐。

依西洋的传统说法,韵脚是和节奏有密切关系的。有人说,韵脚的功用在于显示诗行所造成的节奏已经完成了一个阶段①。这是从另一个角度来看问题。这种看法是以西洋诗为根据的,对汉语诗来说不尽适合,因为汉语诗不都是有节奏的,也不一定每行、每句都押韵。但是,从诗的音乐性来看韵脚,这一个大原则是和我们的见解没有矛盾的。

散文能不能有韵?有人把诗歌称为韵文,与散文相对立,这样,散文似乎就一定不能有韵语了。实际上并不如此。在西洋,已经有人注意到卢梭在他的《新爱洛伊丝》里运用了韵语②。在中国,例子更是不胜枚举。《易经》和《老子》大部分是韵语,《庄子》等书也有一些韵语。古医书《黄帝内经》(《素问》《灵枢》)充满了韵语。在先秦时代,韵语大约是为了便于记忆,而不是为了艺术的目的。到了汉代以后,那就显然是为了艺术的目的了。如果骈体文中间夹杂着散文叫做"骈散兼行"的话,散文中间夹杂着韵语也可以叫做"散韵兼行"。读者如果只看不诵,就很容易忽略过去;如果多朗诵几遍,韵味就出来了,例如枚乘《上书谏吴王》一开头"臣闻得全者昌,失全者亡"③,就是韵语。下文:"系绝于天,不可

---

① 参看 A.Dorchain《诗的艺术》,第 102 页。
② 同上书,第 27 页。
③ 《汉书》作"得全者全昌,失全者全亡"。今依李兆洛《骈体文钞》。

复结；队（坠）入深渊，难以复出。其出不出，间不容发。能听忠臣之言，百举必脱。必若所欲为，危于累卵，难于上天；变所欲为，易于反掌，安于泰山。今欲极天命之寿……不出反掌之易，以居泰山之安，而欲乘累卵之危，走上天之难。""结、出、发、脱"四字押韵，"天、山、安、难"四字押韵。又："欲人勿闻，莫若勿言；欲人勿知，莫若勿为。""闻、言"押韵，"知、为"押韵。又："福生有基，祸生有胎。纳其基，绝其胎，祸何自来？""基、胎、来"押韵。又："夫铢铢而称之，至石必差；寸寸而度之，至丈必过。""差、过"押韵。又："夫十围之木，始生而蘖，足可搔而绝，手可擢而拔；据其未生，先其未形也。""蘖、绝、拔"押韵，"生、形"押韵。又如柳宗元《愚溪诗序》："以愚辞歌愚溪，则茫然而不违，昏然而同归。超鸿蒙，混希夷，寂寥而莫我知也。"这里是"违"和"归"押韵，"夷"和"知"押韵（也可以认为四字一起押韵，算是支微通押）。又如柳宗元《永州韦使君新堂记》："始命芟其芜，行其涂。积之丘如，蠲之浏如。既焚既酾，奇势迭出。清浊辨质，美恶异位。视其植则清秀敷舒，视其蓄则溶漾纡余。怪石森然，周于四隅。或列或跪，或立或仆，窍穴逶邃，堆阜突怒。"这里是"芜"和"涂"押韵，"丘"和"浏"

押韵(虚字前韵),"出"和"位"押韵(出,尺类切,读chuì),"舒、余"和"隅"押韵,"仆"和"怒"押韵。又如大家所熟悉的范仲淹的《岳阳楼记》:"若夫淫雨霏霏,连月不开。阴风怒号,浊浪排空;日星隐曜,山岳潜形。商旅不行,樯倾楫摧;薄暮冥冥,虎啸猿啼。登斯楼也,则有去国怀乡,忧谗畏讥,满目萧然,感极而悲者矣。至若春和景明,波澜不惊。上下天光,一碧万顷。沙鸥翔集,锦鳞游泳。岸芷汀兰,郁郁青青。而或长烟一空,皓月千里。浮光跃金,静影沉璧。渔歌互答,此乐何极!登斯楼也,则有心旷神怡,宠辱皆忘,把酒临风,其喜洋洋者矣。"这里"霏"和"开"押韵(不完全韵),"空"和"形"押韵(不完全韵),"摧"和"啼"押韵(不完全韵),"讥"和"悲"押韵,"明、惊"和"顷、泳、青"押韵(平仄通押),"璧"和"极"押韵,"忘"和"洋"押韵。作者并不声明要押韵,他的押韵在有意无意之间,不受任何格律的约束,所以可以用不完全韵,可以平仄通押,可以不遵守韵书的规定(如"讥"和"悲"押,"明、惊"和"青"押,"璧"和"极"押)。这一条艺术经验似乎是很少有人注意的。

赋才是真正的韵文。我们主张把汉语的文学体裁分为三大类:第一类是散文,第二类是韵文,第三类是诗歌。韵文指的就是赋；有人把赋归入散文，那是错误的[①]。单从全部押韵这一点说，它应该属于诗的一类。但是有许多赋并没有诗的意境，所以只好自成一类，它是名副其实的韵文。赋在最初的时候，还不十分注意对偶，更无所谓节奏；到了南北朝，赋受骈体文的影响，不但有了对偶，而且逐渐有了节奏，例如庾信的《哀江南赋》，等于后期的骈体文加韵脚，兼具了整齐的美、节奏的美、回环的美。这简直就是一篇史诗。苏轼的前后《赤壁赋》则又别开生面，多用"也、矣、焉、哉、乎"，少用对偶和节奏，使它略带散文气息，而韵脚放在"也、矣、焉、哉、乎"的前面，令人有一种轻松的感觉。这是遥远地继承了《诗经》的优点而又加以发展的一种长篇抒情诗。我常常设想：我们是否也可以拿"呢、吗、的、了"来代替"也、矣、焉、哉、乎"来尝试一种新的赋体呢？成功的希望不是没有的。

韵脚的疏密和是否转韵，也有许多讲究。《诗经》的韵脚是很密的：常常是句句用韵，或者是隔句用韵。即以句句用韵来说，韵的距离也不过像西洋的八音诗。五言诗

[①] 陈钟凡先生的《中国韵文通论》把诗赋都归韵文，那比把赋归入散文好得多。

隔句用韵，等于西洋的十音诗。早期的七言诗事实上比五言诗的诗行更短，因为它句句押韵（所谓柏梁体），事实上只等于西洋的七音诗。从鲍照起，才有了隔句用韵的七言诗，韵的距离就比较远了。我想这和配不配音乐颇有关系。词的小令最初也配音乐，所以韵也很密。曲韵原则上也是很密的，只有衬字太多的时候，韵才显得疏些。直到今天的京剧和地方戏，还保持着密韵的传统，就是句句用韵。在传唱较久的京剧或某些地方戏曲中，还注意到单句押仄韵，双句押平韵（如京剧《四郎探母》和《捉放曹》等），这大约也和配音乐有关。一韵到底是最占势力的传统韵律。两句一换韵比较少见，必须四句以上换韵才够韵味，而一韵到底则最合人民群众的胃口。打开郑振铎的一部《中国俗文学史》来看，可以说其中的诗歌全部是一韵到底的。我们知道，元曲规定每折必须只用一个韵部，例如关汉卿《窦娥冤》第一折押尤侯韵，第二折押齐微韵，第三折押先天韵，第四折押皆来韵。直到现代的京剧和地方戏，一般也都是一韵到底的，例如京剧《四郎探母·坐宫》押言前辙，《捉放曹·宿店》押发花辙。在西洋，一韵到底的诗是相当少的。可见一韵到底也表现了汉语诗歌的民族风格。

  双声、叠韵也是一种回环的美。这种形式美在对仗中才能显示出来。有时候是双声对双声，如白居易《自河南经乱……》"田园零落干戈后，骨肉流离道路中"，以"零落"对"流离"，又如李商隐《落花》"参差连曲陌，迢递送斜晖"，以"参差"对"迢递"；有时候是叠韵对叠韵，如杜甫《秋日荆南述怀》"苍茫步兵哭，展转仲宣哀"，以"苍茫"对"展转"，又如李商隐《春雨》"远路应悲春晼晚，残宵犹得梦依稀"，以"晼晚"对"依稀"；又有以双声对叠韵的，如杜甫《咏怀古迹》第一首"支离东北风尘际，漂泊西南天地间"，以"支离"对"漂泊"①，又如李商隐《过陈琳墓》"石麟埋没藏春草，铜雀荒凉对暮云"，以"埋没"对"荒凉"。双声、叠韵的运用并不限于联绵字，非联绵字也可以同样地构成对仗。杜甫是最精于此道的。现在随手举出一些例子。《野人送朱樱》"数回细写愁仍破，万颗匀圆讶许同"，以"细写"对"匀圆"；《吹笛》"风飘律吕相和切，月傍关山几处明"，以"律吕"对"关山"；《咏怀古迹》第二首"怅望千秋一洒泪，萧条异代不同时"，以"怅望"对"萧条"（"萧条"是联绵字，但"怅望"不是联绵字），第三首"一去紫台连朔漠，独留青冢向黄昏"，

---

① 漂，滂母字；泊，并母字，这是旁纽双声。

以"朔漠"对"黄昏"①；第四首"翠华想象空山里，玉殿虚无野寺中"，以"想象"对"虚无"②。这都不是偶然的。

我们应该把回环的美和同音相犯区别开来。回环是好的，同音相犯是不好的。六朝人所谓八病，前四病是同声调相犯③，后四病是双声相犯和叠韵相犯。

关于双声相犯，有旁纽、正纽二病（第七病和第八病）。旁纽指同句五字中不得用双声字（联绵字不在此例），正纽指同句五字中不得用同音不同调的字。这里当然不能十分拘泥，但是总的原则还是对的。王融、庾信、姚合、苏轼等人虽也写过双声诗④，但那只是文人的游戏，不能认为有任何艺术价值。否则拗口令也都可以叫做诗了。

关于叠韵相犯，有大韵、小韵二病。大韵指五言诗的

---

① 朔，觉韵字；漠，铎韵字，唐时两韵读音已经相近或相同。黄，匣母字；昏，晓母字，这是旁纽双声。林逋《山园小梅》"疏影横斜水清浅，暗香浮动月黄昏"，以双声的"清浅"对叠韵的"黄昏"，正是从老杜学来的。

② 虚，鱼韵字；无，虞韵字，这是邻韵叠韵。

③ 八病的解释根据《文镜秘府论》。前四病是平头、上尾、蜂腰、鹤膝。平头指五言诗第一字不得与第六字同声，第二字不得与第七字同声，其实就是避免平仄失对。上尾指第五字不得与第十字同声，也是平仄失对的问题。蜂腰指第二字不得与第五字同声，但是唐人的律诗并不遵守这条。鹤膝指第五字不得与第十五字同声，杜甫在律诗中很注意避免此病。参看拙著《中国古典文论中谈到的语言形式美》。

④ 参看郭绍虞《沧浪诗话校释》第80—81页，注五四。

韵脚和同联的其余九字任何一字同韵（联绵字不在此例），小韵指十字中任何两个字同韵（联绵字不在此例）。这也未免太拘，也不容易遵守。只有一点是重要的，就是在关节的地方不能和韵脚同韵。具体说来，凡有韵脚的句子，如果是五言，第二字不能和第五字同韵；如果是七言，第二字或第四字不能和第七字同韵。唐人很讲究这个，宋人就不大讲究了。像周弼《野望》"白草吴京甸，黄桑楚战场"，"黄"与"桑"同韵不要紧，"桑"与"场"同韵就是对语言形式欠讲究了。声音相近或相同的字，最好不要让它们同在一联之内。像梅尧臣《送少卿张学士知洪州》"朱旗画舸一百尺，五月长江水拍天"，彭汝砺《城上》"云际静浮滨汉水，林端清送上方钟"，"百"和"拍"相近，"静"和"清"相近，在形式上也是不够讲究的。当然有特殊原因的不在此例，如李商隐《天涯》"春日在天涯，天涯日又斜"，第二句第二字"涯"和韵脚"斜"同韵，这是因为诗人要重复上句末二字，而上句又是有韵脚的，不能不如此。至于同一个字两次出现在同一句里，如杜甫《闻官军收河南河北》"即从巴峡穿巫峡，便下襄阳向洛阳"，就更不足为病了。

上面所说的语言形式的三种美——整齐的美、抑扬的美、回环的美——总起来说就是声音的美，音乐性的美。

由此可见，有声语言才能表现这种美，纸上的文字并不能表现这种美。文字对人类文化贡献很大，但是我们不要忘记它始终是语言的代用品，我们要欣赏语言形式美，必须回到有声语言来欣赏它。不但诗歌如此，连散文也是如此。叶圣陶先生给我的信里说："台从将为文论诗歌声音之美，我意宜兼及于文，不第言古文，尤须多及今文。今文若何为美，若何为不美，若何则适于口而顺于耳，若何则仅供目治，违于口耳，倘能举例而申明之，归纳为若干条，诚如流行语所称大有现实意义。盖今人为文，大多数说出算数，完篇以后，惮于讽诵一二遍，声音之美，初不存想，故无声调节奏之可言。试播之于电台，或诵之于会场，其别扭立见。台从恳切言之，语人以此非细事，声入心通，操觚者必须讲求，则功德无量矣。"叶先生的话说得对极了，可惜我担不起这个重任，希望有人从这一方面进行科学研究，完成这个"功德无量"的任务。

朱自清先生曾经说过这样的一段话："过去一般读者大概都会吟诵，他们吟诵诗文，从那吟诵的声调或吟诵的音乐得到趣味或快感，意义的关系很少……民间流行的小调以音乐为主，而不注重词句，欣赏也偏重在音乐上，跟吟诵诗文也正相同。感觉的享受似乎是直接的、本能的，即使是字面儿的影响所引起的感觉，也还多少有这种情形，至于小调和吟诵，更显然直接诉诸听觉，难怪容易唤起普遍的趣味和快感。至于意义的欣赏，得靠综合诸感觉的想象力，这个得有长期的修养才成①。"我看利用语言形式美来引起普遍的趣味和快感，这是非常重要的一件事。不注重词句自然是不对的，但重视语言的音乐性也是非常应该的。我们应该把内容和形式很好地统一起来，让读者既能欣赏诗文的内容，又能欣赏诗文的形式。

四、诗的语言

上面所谈的都是包括诗和散文以及辞赋各方面的。现在我想专就诗一方面来谈一谈，因为诗是语言形式美的集中表现。在律诗和词曲中，对仗就是整齐的美，平仄就是抑扬的美，韵脚就是回环的美。这样说来，古体诗和现代的新诗都不美了吗？那又不能这样说。诗之所以美，主要决定于意境的美，即内容的美。而且题材对诗的形式也有影响：某种题材须要在形式上多加雕琢和装饰，另一种题材则须要在形式上比较自由。大致说来，抒情诗属于前者，史诗属于后者。假如我们让杜甫把他的《月夜》写成古体诗，或把他的《石壕吏》写成律诗，都是不合理的。杜甫

---

① 朱自清《论百读不厌》，见于他所著的《论雅俗共赏》第10页。

等人，写古体诗的时候，把对仗变为自由的对偶，把平仄变为拗句，而且用韵很宽。这样给人另一种感觉，就是朴素和古拙。朴素和古拙也是另一种美，但不能再拿音乐性来衡量它。现代的新诗比古体诗有更大的自由。我们把只有诗的意境而完全不拘形式的诗叫做自由体，把只讲究用韵、不管节奏的诗叫做半自由体。现在虽然有人提倡新格律诗，但是还没有定型化。即使有了新格律诗，自由体和半自由体仍然是一条路。我们应该让百花齐放，而不能定于一尊。自由体虽然完全不拘形式，不讲究诗的音乐性，但是许多诗人在词藻方面还是很讲究的。至于半自由体，既然有了韵脚，也就有了回环的美，如果再能讲究一下整齐的美，如字句的匀称等等，那就差不多了。

讲究语言形式美，会不会妨碍诗的意境呢？这要看作者对语言形式美的态度如何和语言修养水平如何而定。我们首先要把技巧（艺术手段）和格律区别开来。技巧只是争取的，不是必须做到的。在技巧方面，每一个作者都有自己独特的风格，例如八病中的大韵、小韵，正纽、旁纽，这些都属于技巧的范围，能避免这些病最好，不能避免也不算犯规。而且作家也可以不同意这些技巧，而另外创造一些技巧。因此，在技巧方面完全不会产生妨碍诗的意境的问题。至于格律则是规定要遵守的，这才产生妨碍诗的意境的问题。

在西洋古代也争论过这一类的问题,有人说韵脚是一种障碍,有人说韵脚不但不是障碍,而且还是一种帮助,当灵感来时,韵脚就自然涌现了①。双方的看法都不免片面,他们都不能辩证地看问题。当你成为格律的奴隶的时候,格律简直是枷锁,岂但障碍而已!当你成为格律的主人的时候,你就能驾驭格律,如鱼得水,格律的确就是一种帮助了。

诗的语言形式美始终应该服从于诗的意境。世界上的确有一些诗具备了很好的内容然而形式上尚有缺欠的;但是我们不能反过来说有一种诗虽然内容不好然而具备了很美的形式。在意境和格律发生矛盾的时候,诗人应该突破格律来成全意境;至于意境和技巧发生矛盾的时候,就更应该让前者自由翱翔,绝不受后者的拖累。

按照这个原则办事,是不是诗人必须经常突破格律和摆脱技巧呢?不是的。凡是成就比较大的诗人都能从一致性中创造多样性,从纪律中取得自由。他们自己往往是语言巨匠,有极其丰富的词汇供他们驱使,有极其多样的语法手段供他们运用。当意境和格律发生矛盾的时候,他们

---

① 参看 A.Dorchain《诗的艺术》,第 169—172 页。

不是牺牲意境来迁就格律，也不是牺牲格律来迁就意境，而是用等价的另一句话来做到一举两得；或者虽非等价，但是它和主题不相矛盾，在意境上也能算是异曲同工。所谓"吟成一个字，捻断数茎须"，正足以说明诗人们惨淡经营的过程。

诗人们这样做法，常常有一种意外的收获，那就是创造了诗的语言。所谓诗的语言，可以从两方面看：从内容上看，有些散文的语句充满了诗意，可以说是诗的语言；从形式上看，有些诗句就只能是诗句，如果放到散文中去，不但不调和，而且不成为句子。这里讲的诗的语言，是指后者说的。

叶圣陶先生给我的另一封信里说："诗之句型，大别为二：一为平常的句型，与散文及口头语言大致不异。一为特殊句型，散文决不能如是写，口头亦绝无此说法，可谓纯出于人工。我以为凡特殊句型，必对仗而后成立，如'名岂文章著，官应老病休'是也[①]。若云'名岂文章著，老衰官合休'，则上一语为不易理解，作者决不肯如是写。今为对仗，则令读者两相比勘，得以揣摩，知为名岂以文章而著，官应以老病而休之意。律诗中间两联，

---

① 语见杜甫《旅夜书怀》。

属于平常句型者固不少。而欲以诗意构成纯出人工之语言，自非使之对仗，纳入中间两联不可。此所以特殊句型必为对句也。易言之，因有对仗之法，乃令作者各逞其能，创为各种特殊句型，句型虽特殊，而作者克达其意，读者能会其旨。推而言之，骈文之所以能成立，亦复如是。至于词，则以其有固定格律，亦容许创为特殊句型。如'千古江山，英雄无觅孙仲谋处'①，此在散文为绝对不通之语。而按格律讽诵'英雄无觅孙仲谋处'八字，自能理会其为英雄如孙仲谋者更无觅处之意。我久怀此意，未尝语人，今见台从畅论诗词格律，用敢书告，请观有道着处否。"这是非常精辟的见解。叶先生所谓特殊句型也就是我所谓诗的语言的一种。本来，古人在散文中就用对偶的手段来使语言既精炼而又免于费解，例如贾谊《过秦论》"于是从散约解，争割地而赂秦"，假如只说"从散"而不说"约解"，就变为难懂的了②。有的骈体文很有诗意，作者在文中利用对仗来制造诗的语言，像王勃《滕王阁序》"渔舟唱晚，响穷彭蠡之滨；雁阵惊寒，声断衡阳之浦"，单凭它的特殊句型（"唱"以

---

① 语见辛弃疾《永遇乐·京口北固亭怀古》。
② 参看拙著《中国文法学初探》。

"晚"为补语,"惊"以"寒"为补语,等等),也就令人感觉到诗意盎然了。在律诗中,像叶先生所举的"名岂文章著,官应老病休"的例子还有许多,例如王维《山居秋暝》的"竹喧归浣女,莲动下渔舟",《终南山》的"白云回望合,青霭入看无",《辋川闲居赠裴秀才迪》的"渡头余落日,墟里上孤烟";杜甫《不见》的"敏捷诗千首,飘零酒一杯",《野望》的"海内风尘诸弟隔,天涯涕泪一身遥"等,真是举不胜举。诗词有了固定的格律,可以容许特殊句型,试以毛主席的诗词为例,"一唱雄鸡天下白""六亿神州尽舜尧"等句,就都是诗的语言。

不善于押韵的人,往往为韵所困,有时不免凑韵(趁韵)。善于押韵的人正相反,他能出奇制胜,不但用韵用得很自然,而且因利乘便,就借这个韵脚来显示立意的清新。韩愈做诗爱用险韵,这是他有意逞才,不足为训。但是其中也有一些清新可喜的句子,例如《酬司马卢四兄云夫院长望秋作》押的是咸韵,真够险了,但是让他碰上了一个"咸"字,得了一句"嗜好与俗殊酸咸",就成为传诵的名句。李商隐在他的《锦瑟》诗中用了蓝田种玉的典故,如果直说种玉,句子该是多么平庸啊!由于诗是押先韵的,他忽然悟出一个"玉生烟"来,不但韵脚的问题解决了,不平凡的诗句也造成了①。毛主席的七律《赠柳亚子先生》押的是阳韵,其中"风物长宜放眼量"一句,令人感觉到"量"字并不单纯是作为韵脚而存在的,实际上在别的韵部中也找不出比"量"字更响亮、更清新、更合适的字眼来。假如换成一个"放眼看",那就味同嚼蜡了。讲到这里,我们可以懂得韵脚不是一种障碍,而是一种帮助。对于语言修养很高的诗人来说,这种说法是完全合理的。

散文的词句最忌生造。在诗中,生造词句当然也不好,但是诗人可以创造一些,要做到新而不生。其间的分寸要由诗人自己掌握,例如李商隐《无题》:"隔座送钩春酒暖,分曹射覆蜡灯红。"蜡灯,一般只说"蜡烛",如韩翃《寒食》"日暮汉宫传蜡烛",杜牧《遣怀》"蜡烛有心还惜别"。这里说成"蜡灯"是为了适合平仄,读者并不觉得他是生造。诗句要求精炼,要求形象,词与词的搭配不一定要跟散文一样,例如李商隐的另一首《无题》:"春心莫共花争

---

① 这只是一种悬想。有时候,诗人先成一联,然后凑成一首,如鲁迅先得"横眉冷对千夫指,俯首甘为孺子牛"两句,然后凑成一首七律。假定李商隐先得"沧海月明珠有泪,蓝田日暖玉生烟"一联,就会是另一种情况。但是,例子虽不一定恰当,而诗人押韵必有这种经验,则是不容怀疑的。

发,一寸相思一寸灰。""一寸"和"相思"、"一寸"和"灰",在散文中都搭配不上,但是他在诗中用上了,读者只觉得这句话很精炼、很形象,而并不觉得有任何不自然的地方。

诗的语言是美的语言,诗人们不断地创造诗的语言,不断地丰富祖国语言的词汇。诗的语言虽不能原封不动地搬到散文里,但是诗中的整齐的美、抑扬的美、回环的美,往往为散文所吸收,所借鉴。因为除了音乐性的美之外,语言形式差不多没有什么其他能引起人们美感的东西了。

原载《光明日报》,1962年10月9—11日

唐诗三首

今天讲唐诗三首,我先分开来讲每一首诗的思想内容,再合起来讲这三首诗的表现方式和艺术技巧,最后讲一讲诗的格律。

一

望 岳①

杜 甫

岱宗夫②如何?齐鲁③青未了。
造化钟神秀④,阴阳割⑤昏晓。
荡胸生曾⑥云,决眦⑦入归鸟。
会当凌绝顶⑧,一览众山小。

注 释

①岳,指东岳泰山。公元735年(唐开元二十三年),

杜甫到洛阳应进士考试,没有及第。他在赵、齐一带(今河南、河北、山东)漫游,时间约在736—740年之间。杜甫写这首诗时,大约是二十六岁或者二十七岁。

②岱宗,泰山。夫,音扶(fú),语气词。

③齐鲁,都是春秋时国名。齐国在今山东临淄一带;鲁国在今山东曲阜一带。

④造化,创造和化育。这里指万物的创造者,即大自然的主宰。钟,聚集,集中。神秀,神妙,秀丽。

⑤阴阳,山北为阴,山南为阳。割,剖分,分开。

⑥荡,洗涤。曾,同"层"。

⑦决,裂开。眦,音恣(zì),眼眶。

⑧会当,不久将要。凌,升,登。特指升到非常高的地方去,如"凌空、凌云、凌霄"。绝顶,指最高峰。

在诗里两句为一联,八句是四联。现在我就一联一联地讲。

第一联两句是说:泰山是怎样的一座山呢?它横亘齐鲁,一片青葱,绵延千里,看不到边。这是多么大的一座山哪!

第二联两句是说:大自然把世界上所有的神妙、秀丽的景象,都集中到泰山来了。泰山的高峰,耸入云霄,山南迎着太阳,天容易亮;山北背着太阳,天容易黑。这是多么高的一座山哪!

第三联两句是说:白天,高山上升起一层层的白云,把我的胸怀都给洗干净了;到了黄昏,群鸟归山,我睁大了眼睛看,把眼眶都睁裂了。这是多么远的一座山哪!

第四联两句是说:我爱这座高山,我不久将要攀登它的最高峰,看看其他的山,该是多么渺小啊!

这首诗表现了杜甫的伟大的心胸和气魄。他借着泰山的崇高和远大,来描写自己的理想的崇高和远大。

春　望①

杜　甫

国破山河在,城春草木深。

感时花溅泪,恨别鸟惊心。

烽火②连三月,家书抵③万金。

白头搔更短,浑欲不胜簪④。

注　释

①春望,春天远望。公元757年3月,在长安作。当时安禄山已反,长安沦陷。

②烽火,古时边防报警的烟火。有敌人来侵犯的时候,守卫的人点火相告。这里"烽火"代表战争。

③家书,家信。当时杜甫的妻子在鄜(fū)州,通信很困难。抵,抵当,这里当"值"讲。

④浑,简直。欲,将要。不胜,经不起。胜,音"升"。簪,用来绾住头发的一种首饰,古时也用它把帽子别在头发上。这里指的是男用的帽子上的簪。簪读zēn,不读zān。

第一联两句是说:国家已经破碎了,山河还在,但是什么都完了;春来了,城中草木很茂盛,很深,但是城中的居民呢?也快完了!

第二联两句是说:春天花开了,但是时局使我感伤,春花只能使我流泪;春天鸟叫了,但是妻离子散,春鸟只能触动我的悲哀。

第三联两句是说:战火已经连续三个月了,我多么盼望有人捎一封家信给我呀!一封家信真是值万两黄金呢!

第四联两句是说:我的头发白了。我每逢心里烦闷时就挠头,白头发越挠越短,我的簪子简直绾不住我的头发了!我是多么苦闷哪!

这首诗表现了杜甫忧国忧民的心情,同时也道出了个人的苦闷。

登柳州城楼寄漳汀封连四州刺史①

柳宗元

城上高楼接大荒,海天愁思②正茫茫。
惊风乱飐芙蓉③水,密雨斜侵薜荔④墙。
岭树重遮千里目,江流曲似九回肠⑤。
共来百粤文身⑥地,犹自音书滞一乡⑦。

注 释

①漳汀封连,漳州,今福建漳州市。汀州,今福建长汀县。封州,今广东封川县。连州,今广东连阳各族自治县。四州刺史,漳州刺史韩泰、汀州刺史韩晔(yè)、封州刺史陈谦、连州刺史刘禹锡。他们和柳宗元是同时被贬谪的。

②愁思,悲哀的心绪。思,读 sì,去声。

③惊风,急风。飐,读 zhǎn,风吹动。芙蓉,荷花。

④薜荔,读 bìlì,一种蔓生植物。

⑤九回肠,回,转。九回,形容肠的曲折。司马迁《报任安书》:"肠一日而九回。""九回肠"又表示人的悲哀到了极点。

⑥百粤,种族名,也叫"百越"。这里的百粤是指今福建、广东、广西三省的地方。文身,在身体上画花纹。

古人以为越人有断发文身的风俗。

⑦音书：音信。滞，不通。滞一乡，指音信通不到他乡（暗指四州）。

柳宗元被贬官到广西柳州，任柳州刺史，同他一起被贬官的还有四人，分住在漳州、汀州、封州、连州四个地方，大家都是患难朋友。当时北方人认为南方是很野蛮的地方，如果谁被贬官到南方去，就感到很悲伤。有一天，柳宗元登上柳州城楼，作了一首诗，想寄给四个朋友，由于当时寄东西很不容易（寄，就是委托人带的意思），因此在柳宗元的诗里有很多感慨。

第一联两句是说：我登上城楼，眺望荒僻的旷野。海呀（柳州没有海，这是诗人的联想），天哪，这些景色不但不能使我快乐，反而增长了我的茫茫的悲哀。

第二联两句是说：风是那样急，荷花塘里的水都被吹乱了；雨是那样密，薜荔墙也被飘湿了。

第三联两句是说：山上的树重重地遮住了我远望千里的眼睛，我的好友所在的地方看不见啦！江中的水弯弯曲曲的，多么像我那弯弯曲曲的愁肠啊！

第四联两句是说：我们四个人都是被贬斥到遥远的南方来的，应该可以常常通信，但是事实上通信是这样困难，这就令人更加伤感了。

这首诗表面上是柳宗元叙述自己谪居生活的悲哀，实际上却隐藏着对朝廷政治的不满。当时柳宗元参加了比较进步的政治集团，这个集团失败了，他和四州刺史同时遭受贬斥。这首诗是寄给四州刺史的，因此不可能是简单地表示个人的悲哀。

二

这三首诗都是描写远望的，但是表现出来的思想内容有很大的差别。首先是地点的差别：泰山，长安，柳州，地点不同，景色当然也有所不同。其次是时令的差别：《望岳》咏的是春天或夏天的景色，《春望》咏的是春天的景色，《登柳州城楼寄漳汀封连四州刺史》咏的是夏天的景色。但是更重要的不是这些，而是心情的不同。有句成语"触景生情"，这话说得不大全面，应该是先有一种感情，然后触景才能生出情来。而这个感情是因人因时因地而不同的。杜甫在写《望岳》时，只有二十六七岁，正是少年气盛、奋发有为的时期，到了写《春望》时，年纪已经大了，则是饱经忧患、流离丧乱的时期，心境大不相同。而柳宗元则是一肚子牢骚，无处发泄，这跟杜甫的心境又不同。

感情不同了，所看见的外界事物，也就引起了不同的联想。譬如说，许多人都看见过高山的白云，但是只有像杜甫这样的人，才会感到洗荡心胸。人人都看见过春花，但只有像杜甫这样忧国忧民的人，春花才能刺激出他感时的眼泪来。人人都看见过江水，只有像柳宗元这样满怀悲愤的人，才联想到它好像九回肠那样绞痛。诗人们常常把自己的感情寄托在景物上。景物本身是没有感情的，感情是人所具有的。因此，诗人的意境永远是主观的东西。今天我们有无产阶级的感情，无产阶级的诗人就经常地把这种感情寄托在景物上。

诗有写情，有写景，有情景交融。诗人并不常常直接写出他的感情来，在多数情况下总是把感情寄托在景色上，所以要写景。所谓写情，就是叙事，讲自己经过的事情；所谓写景，就是描写大自然的景色。有人说，诗人们总离不了描写风花雪月这样的景色。为什么呢？因为风花雪月是大自然中最主要的景色，诗人要通过花的颜色、鸟的叫声来反映自己的感情，这就是写景的作用。有时候则是情景交融在一起的。下面就来具体讲讲这三首唐诗的情景：

《望岳》这首诗，前四句是写景，第三联两句是情景交融，末两句是写情。

《春望》这首诗，前四句是情景交融，后四句是写情。

《登柳州城楼寄漳汀封连四州刺史》这首诗,第一联是情景交融,第二联是写景,第三联是情景交融,第四联是写情。

一首诗应在何处写情,何处写景,完全是诗人的自由。但是,诗人最重视声音和色彩,所以写景是诗人的重要的艺术手段。写景就是使诗歌形象化。这可以说是对于诗的基本知识之一。

写诗也像写文章,要有章法(组织结构)。现在就来讲讲这三首唐诗的章法:

《望岳》这首诗,先写了岳(前四句),再写望(第五、六句),最后(第七、八句)写望后的感想作收。

《春望》这首诗,先是分头写"国破"和"春来"(头两句),然后以"感时"句承"春来",以"恨别"句承"国破",然后又以"烽火"句承"感时",以"家书"句承"恨别"。这样一环扣一环,组织非常严密。最后双承,以感叹作收。

《登柳州城楼寄漳汀封连四州刺史》这首诗,第一联总写登城楼,第二联写近景,第三联写远景,最后发出感慨作收。

这三首唐诗的共同点,都是以感想来作收的,如不这样,就收不住。这三首诗的章法都很严密。但是,也有一些诗是不大讲究章法的,因为诗有跳跃性,有时候读者摸不清它的来龙去脉,初学诗的人还是应该先讲究章法。我们今天不鼓励大家学写诗,但是要欣赏诗,就得从章法上来欣赏。

三

现在讲诗的格律。所谓格律,就是规则,诗人根据这个规则写诗。诗有古风(古体诗),有律诗(今体诗),这是诗的两大类。古风的规则很简单,只要押韵就行了。律诗的规则比较复杂,除了押韵之外,还有平仄的格式。在这三首唐诗中,《望岳》是古风,其他两首是律诗。诗除了分古风和律诗外,还分五言诗和七言诗两种。五字一句的古风叫五言古诗(简称五古),七字一句的古风叫七言古诗(简称七古);五字一句的律诗叫五言律诗(简称五律),七字一句的律诗叫七言律诗(简称七律)。还有长短句,除五言、七言外,也有三言、四言、六言的不等,这叫杂言诗。杂言诗一般是归在古风里,因为古风的字数没有规定,可长可短。律诗的句数和字数都有规定:五律八句四十个字;七律八句五十六个字。《望岳》是古风,但也是八句四十个字,这是偶合。此外还有绝句,它是律诗的一半。如五绝四句二十个字;七绝四句二十八个字。绝句一般属律诗体裁,但有例外,今天不讲。七言绝句的规则和律诗的规则是一样的。

唐诗一定要押韵。什么叫押韵呢,就是韵母相同的字,在不同句子的同样位置上出现,叫做押韵。押韵一般都在句尾,所以又叫韵脚。单句不押韵,双句押韵。《望岳》第二句的"了 liǎo"、第四句的"晓 xiǎo"、第六句的"鸟 niǎo"、第八句的"小 xiǎo",韵母都是 ǎo,所以押韵。《春望》也是一样,第二句的"深 shēn"、第四句的"心 xīn"、第六句的"金 jīn"、第八句的"簪 zēn",韵母都是相近的,只是听起来不够谐和,这是由于古人的读音与现今普通话的读音不大一样,如按古人的读音也就谐和了。现今在广东的东边、福建的西边、江西的南边,有人说一种客家话,这种话还保留着古人的读音,比如客家话的"深"念 qim、"心"念 sim、"金"念 gim、"簪"念 zim,韵母都是 im,听起来就谐和了。律诗的第一句也可以押韵(特别是七律),如《登柳州城楼寄漳汀封连四州刺史》这首诗,第一句的"荒 huāng"、第二句的"茫 máng"、第四句的"墙 qiáng"、第六句的"肠 cháng"、第八句的"乡 xiāng",韵母都是 ang,所以是押韵的。五律也是一样,第一句可以押韵,也可以不押韵。要是第一句押韵的话,一首诗就有五个韵脚了。

律诗还有个特点，就是平仄的格式。要知道什么叫做平仄，先要知道汉语的声调。比方说"天"跟"田"是两回事；说"买"跟"卖"的意思正相反，声调的不同，就有这么大的区别。所以欧洲人学汉语是感到困难的。说话的高低不同（指音乐上的高低），长短不同，这也就是声调的不同。唐朝的声调跟现今普通话的声调不同，如果以现今普通话的声调去读唐诗，听起来就不同了。古代汉语中共有四个声调：平声、上声、去声、入声。现代普通话里也有四个声调：阴平、阳平、上声、去声。古代汉语的入声，在现代普通话里是没有的，已分别归并到普通话的四声中去了。入声比较短促，一出声就收住。这种入声，在广东、广西、福建、江苏、浙江，甚至山西、内蒙、河北（部分地区）还存在。比如"衣"字，按古代汉语四声念"衣"（平声）、"椅"（上声）、"意"（去声）、"益"（入声）。再如"剥削"，在普通话里都是阴平，在古代汉语里是入声，上海人念 poʔsiŋʔ，还保留着古代汉语的入声。怎样才能知道古代汉语的入声呢？办法不太多，最好的办法是查字典，或者是查书，如我写的《诗词格律》（中华书局出版）一书的后面，就附有诗韵举要，其中分别了四声，有空可以看看。

什么叫做平仄？平声仍叫平声，其余三声（上、去、入)叫仄声。"仄"的意思就是不平。古人作诗,就靠平仄的交替形成一种音乐上的美,也叫做抑扬的美。如果声调毫无变化,那就显得单调不美了。比方唱歌,如果老是一个调子,那就不美了。古人把四个声调分成两类:一类是长调,也叫平调;一类是短调,也叫仄调。这两类声调怎样交换法呢?常见的有以下四种格式:

律诗的平仄格式

(一)五言律诗(仄起式)

㊃仄平平仄,平平仄仄平。

㊊平平仄仄,㊃仄仄平平。

㊃仄平平仄,平平仄仄平。

㊊平平仄仄,㊃仄仄平平。

例子:杜甫《春望》

(二)五言律诗(平起式)

㊊平平仄仄,㊃仄仄平平。

㊃仄平平仄,平平仄仄平。

㊊平平仄仄,㊃仄仄平平。

㊃仄平平仄,平平仄仄平。

例子:李白《送友人》

(三)七言律诗(仄起式)

㊊仄平平仄仄平,㊊平㊃仄仄平平。

⓪平⓪仄平平仄,⓪仄平平仄仄平。
⓪仄⓪平平仄仄,⓪平⓪仄仄平平。
⓪平⓪仄平平仄,⓪仄平平仄仄平。

例子：柳宗元《登柳州城楼》

（四）七言律诗（平起式）

⓪平⓪仄仄平平,⓪仄平平仄仄平。
⓪仄⓪平平仄仄,⓪平⓪仄仄平平。
⓪平⓪仄平平仄,⓪仄平平仄仄平。
⓪仄⓪平平仄仄,⓪平⓪仄仄平平。

例子：毛泽东《长征》

在以上四例中，凡是字外加圆圈的都表示可平可仄。平仄是律诗中最重要的因素，我们讲诗的格律，主要就是讲平仄。绝句是律诗的一半，取律诗的一、二两联，中间两联或头尾两联都可以，因此绝句的平仄容易懂，就不再讲了。上面说过，双句押韵，单句一般不押韵，如果单句押韵的话，平仄就有点变化。如五言律诗（仄起式），第一句是⓪仄平平仄，如果要押韵的话，就得把最后的仄插入⓪仄和平平的中间，成为⓪仄仄平平，与第四句一样；七言律诗（仄起式），第一句是⓪仄平平仄仄平，这是押韵的，如果不押韵的话，就得把最后的平插入⓪仄和平平仄仄的中间，成为⓪仄⓪平平仄仄，与第五句一样。平仄的格式并不难记，它是每两字成为一组，而且要交换。如头两字是仄仄，后两字就是平平，再后两字又是仄仄。如果是五言律诗，就去掉最后的一个仄字，成为仄仄平平仄。平仄的变化方法有两种：一是加尾，一是插中。加尾就得加一个相反的字，如仄仄平平，加仄字，成为仄仄平平仄；插中就得一个相同的字，如仄仄平平，插仄字，成为仄仄仄平平。这是由四个字变为五个字。由五个字变七个字，这很好办，只要在五个字的前面加两个字就成了，而且这两个字总是相反的，如五言律诗（仄起式）与七言律诗（平起式）一样，只是七言律诗头上加了两个相反的字。

律诗的平仄有对和黏的规则。对，就是单句的平仄与双句的平仄相对，也就是相反的意思，如五言律诗（仄起式）的第一句与第二句，平仄正是相对的。所以说单句的平仄与双句的平仄永远是相反的，这种相反的规则就叫对。不这样，就叫失对。黏，就是平黏平，仄黏仄；后联出句第二字的平仄要跟前联对句第二字相一致。具体说来，就是第三句跟第二句相黏，第五句跟第四句相黏，第七句跟第六句相黏。黏的意思就是相同，如五言律诗（仄起式），第二、三两句都是平平起的，四、五两句都是仄仄起的，六、七两句又是平平起的，这就叫黏。不这样，就叫失黏。早期的唐诗也有失黏的，后来才严格起来。

对和黏的作用，是使声调多样化。如果不对，上下两句的平仄就雷同了；如果不黏，前后两联的平仄又雷同了。

明白了对和黏的道理，可以帮助我们理解和掌握诗的规则；可以帮助我们背诵平仄的歌诀（即格式）。只要知道了第一句的平仄，全篇的平仄都能背诵出来了。

对仗问题。对仗就是对联。古代的仪仗队是两两相对的，这是"对仗"这个术语的来历。

对仗就是把两个字相对，一个字在单句，一个字在双句。对仗的一般规则，是名词对名词，动词对动词，形容词对形容词，数字对数字，颜色对颜色，如《春望》这首诗的第三联，"烽火"对"家书"（名词对名词），"连"对"抵"（动词对动词），"三"对"万"（数字对数字），"月"对"金"（名词对名词）。

对仗还有一个规则，是平对仄，仄对平。这跟平仄相对是一样的，如"风"（平声）对"雨"（仄声）。"风"对"云"就不合式了，因为"风"跟"云"都是平声字。要对的话，也只能在五言律诗的头一个字或七言律诗的头一个或第三个字相对，因为这里是不拘平仄的。做诗要有对仗，如《登柳州城楼寄漳汀封连四州刺史》这首诗，第二联、第三联对仗。首尾两联可用可不用。《春望》这首诗，一开头就用对仗。最后两句话一般不用，但有时也用,所以律诗比绝句更难做。古风一般不用对仗,但《望岳》这首诗,中间两联用了对仗,平仄也有些合律,而且字数与律诗符合,这样,《望岳》也算是古风与律诗之间的诗体了。

原载《语文学习讲座丛书》第 7 辑,1981 年

宋词三首

今天讲宋词三首,跟过去讲唐诗三首一样,先念课文,然后一句一句地讲。讲完以后,再讲每段的大意,讲词的艺术技巧,最后总的讲一讲什么是词,什么是词牌,词是怎样写成的,根据什么规则来写。

念奴娇

赤壁怀古

苏　轼

大江东去,浪淘尽、千古风流人物。故垒西边,人道是、三国周郎赤壁。乱石穿空,惊涛拍岸,卷起千堆雪。江山如画,一时多少豪杰?　　遥想公瑾当年,小乔初嫁了,雄姿英发。羽扇纶巾,谈笑间,强虏灰飞烟灭。故国神游,多情应笑我,早生华发。

人生如梦，一樽还酹江月。

"念奴娇"是词牌名。"赤壁怀古"是题目。这首词共分两段，下面逐段来讲。

第一段

大江东去。大江，长江。古人所谓江，一般都指长江。东去，向东流去。

浪淘尽、千古风流人物。浪淘尽，波浪像淘米似的，把古代一些风流人物都冲走了，也就是说这些风流人物已经成为过去了。风流人物，指古代既有文采又有功业的人物。

故垒西边。故，旧的意思。垒，古代的军营。

人道是、三国周郎赤壁。人道，据说。周郎，指周瑜。周瑜在吴国被任为建威中郎将（武官名）时，才二十四岁，吴国人尊称他为周郎。赤壁，从字面讲，就是红色的石壁。是三国时周瑜击破曹操数十万大军的地方。据考证，赤壁应在今湖北省嘉鱼县东北，苏轼所游的是黄州的赤壁，在今湖北省黄冈县。

乱石穿空。乱石，就是石壁。穿空，形容石壁很高，高到好像冲破天空似的。

惊涛拍岸。惊涛，像马惊而狂奔的巨浪。有人解释为惊人的波浪，这种解释不妥当。拍岸，拍打着江岸，好像要冲破江岸的样子。

卷起千堆雪。浪花很大，就像雪一样。

江山如画。形容江山很美，美得就像图画一样。有人会问：真的江山不是比画的江山更美吗？为什么说"江山如画"呢？这是因为画家们所画的江山是按照最理想的江山来画的，江山如画，这就表示江山美到了极点。

一时多少豪杰。一时，一个时代。豪杰，指三国时代的英雄人物，如魏国的曹操，蜀国的诸葛亮、关羽、张飞、赵云，吴国的孙策、孙权、周瑜等都是。为什么只说三国时代的英雄人物呢？因为苏轼当时所游的地方是赤壁，是周瑜大破曹操的地方，所以他只怀念三国时代的英雄人物。

串讲大意

长江向东流去，波浪把千古的风流人物都冲走了。我们看到的旧的军营的西边，据说是三国时代周瑜大破曹操的那个赤壁。这个赤壁，简直是乱石穿空，惊涛拍岸，这种波浪，好像卷起千堆雪似的。江山好像图画一般，令人想起一个时代该有多少的豪杰呵！

这一段，作者写的是古战场的景色。通过这种描写，读者就可以想象出当时打仗的情况。为什么要写"乱石穿空，惊涛拍岸，卷起千堆雪"呢？因为这样一写，就可以想象出当时战斗的激烈，同时也就联想起古代的豪杰，而这些豪杰已经是一个一个地被长江水冲走了，只剩下江山如画。

第二段

遥想公瑾当年。遥想，远远地想。因为年代相隔很久，所以说遥想。公瑾，周瑜的字。当年，指周瑜大破曹操的时候。

小乔初嫁了。小乔，周瑜的妻子。乔公有二女，嫁给孙策的叫大乔，嫁给周瑜的叫小乔。初嫁了，刚跟周瑜结婚，表示周瑜很年轻。

雄姿英发。就是奋发有为的意思。说明周瑜年轻的时候就有英雄气概。

羽扇纶巾。纶（guān）巾，青丝带做成的头巾（一种帽子）。羽扇纶巾，就像今天戏剧中诸葛亮的打扮。这是三国时代一直到南北朝的一些将军们相当流行的打扮，表示文雅镇静。这里是形容周瑜的镇静。

谈笑间。说说笑笑，满不在乎的样子。

强虏灰飞烟灭。强虏，强大的敌人。虏，敌人的代称。把敌人叫做虏（俘虏），是藐视敌人的意思。灰飞烟灭，大破曹操是用火攻的，即火烧赤壁，所以用灰飞烟灭来形容敌人被消灭。

故国神游。故国，旧国，指古代的三国。神游，精神之游，即心里幻想出（当时）的情况。

　　多情应笑我。多情，容易触动的感情。说明苏轼怀念古人有丰富的感情。应笑我，说苏轼动感情以后会有人笑他。

　　早生华发。"华"同"花"。华发，花白的头发。这里表示苏轼已老了，跟周瑜比差得很远，自己的理想没有实现。

　　人生如梦。感到自己已经老了，没有做多少事情，好像做梦一样。这是古人颓废思想的表现。

　　一樽还酹江月。就是说对着江月浇愁。樽，盛酒器，其作用等于今天的酒壶。酹（lèi），以酒洒地，这是古代的一种祭礼。

串讲大意

　　我从遥远的年代想起当年的周公瑾，他刚刚跟小乔结婚的时候，他那英雄的姿态，显得多么奋发有为呵！他头戴纶巾，手挥羽扇，在轻松地谈笑间，强大的敌人已经是灰飞烟灭了。今天我来神游故国，我如此多情地凭吊古人，人们就会笑我，我的头发已经这样花白了。人的生活如梦一般，不如临江对月喝它一个痛快吧！

　　这一段，作者颂扬周瑜是一个了不起的风流人物。但是作者自己的理想不能够实现，所以只好借酒浇愁。这首词是苏轼在政治上不得志，受到打击以后写的，他自我排遣，心里有很多不平之气，很多感慨没有地方发泄，于是就借怀古来发泄心中不平之气。这首词有它消极的一面，并不是每句话都那么健康。如"人生如梦"这句话就不好，是消极的。人生应该是乐观主义的，不应该悲观失望，这种思想应当批判。但是在封建社会里，由于社会制度不合理，使一个有文才的人不能实现自己的理想，弄得他感到悲观失望，感到没有出路，这也是可以理解的。我们除了批判他消极的一面之外，还应该肯定他积极的一面。苏轼怀念古人，是怀念他们消灭了强敌的英雄行为，要向他们学习，所以说他还是有雄心大志的，不能就"人生如梦"这句话，认为苏轼是一个颓废的人。我们要全面地看，"人生如梦"是他很愤慨的话，他还是想实现自己的理想、自己的志愿的人，要不然，他不会怀念有英雄气概的古人。所以说苏轼这首词的基调是健康的，我们要学习他追求自己理想的一面。

苏轼的词以豪放闻名。豪，即雄壮的笔调。放，即不受任何的束缚。为什么说苏轼的词是豪放的呢？因为在苏轼以前，一些词人常常纠缠在谈情说爱里，或者是谈那些悲观失望、感伤主义的东西。从苏轼开始改变了这种风气，影响很大，所以说苏轼的词是豪放的。

艺术技巧

我们说一首词好，一方面要看思想内容，一方面要看艺术技巧。这首词一开始就写长江，就给人一种雄伟壮丽的感觉。词人从来不说抽象的话，如把"浪淘尽、千古风流人物"这句话，说成"几千年以来，一些英雄人物都死完了"，那就很抽象。这里说长江的波浪像淘米似的把一些英雄豪杰都冲走了，这就很形象。这种有形象的句子，人们通常叫它有诗意的句子。"乱石穿空，惊涛拍岸"是映衬上句的"赤壁"。把赤壁的形状描写出来，衬托了当时打仗的情况。"卷起千堆雪"又映衬上面的"浪淘尽"。在这首词里，"乱石穿空，惊涛拍岸，卷起千堆雪"三句话是最好的句子。为什么说它好呢？因为没有这三句话，就不能把古战场的雄壮景色描写出来。"乱石穿空，惊涛拍岸"这两句话是一副对联，而且对得很工整，很雄壮。"乱石"对"惊涛"，"穿空"对"拍岸"。再从词性来看，"乱"对"惊"是形容词对形容词；"石"对"涛"是名词对名词；"穿"对"拍"是动词对动词；"空"对"岸"是名词对名词。"卷起千堆雪"的"卷"字用得极好。如果我们写，很可能用"激"字，也可能用"溅"字，但是这两个字都没有"卷"字好，为什么？因为"激"是激动的意思,"溅"是飞溅的意思,不能把波浪最美的形态描写出来,而波浪最美的形态就像卷一张白纸的样子。所以写诗写词的人很讲究用字。

"小乔初嫁了"这句话也好,如果说"周瑜当年还很年轻",这就不像诗句了。大小二乔都是当时有名的美人,说"小乔初嫁了",就增加了词的风趣。

强虏灰飞烟灭。强虏一作"樯橹"(樯是船上的桅杆,"橹"同"橹",是桨的一种),表现曹操的战船都给烧光了。这里作强大的敌人都被消灭了,两种解释都好。

"羽扇纶巾"是写人的打扮,跟前面写景"乱石穿空"句有异曲同工之妙。

"故国神游"这句话很好,好在能承上启下。因为上面讲的都是神游故国的事情,人家的事情,下面要讲自己了。

"人生如梦,一樽还酹江月"这两句话也有优点,如果单说"人生如梦"那就抽象了,所以用长江和明月来衬托自己愁闷的心情,这就有形象有诗意了。

满江红

岳 飞

怒发冲冠,凭栏处,潇潇雨歇。抬望眼,仰天长啸，壮怀激烈。三十功名尘与土，八千里路云和月。莫等闲、白了少年头，空悲切。

靖康耻，犹未雪。臣子恨，何时灭？驾长车、踏破贺兰山缺。壮志饥餐胡虏肉，笑谈渴饮匈奴血。待从头、收拾旧山河，朝天阙。

这首词没有题目，"满江红"是词牌名。词可以不要题目，因为写的内容一看就明白。

第一段

怒发冲冠。这是一种夸大的说法，就是说发怒的时候，头发把帽子都冲掉了。另外有一句成语"令人发指"，意思是说头发竖着把帽子都顶起来了。

凭栏处。凭栏，靠着栏杆。

潇潇雨歇。潇潇，风雨的声音。雨歇，雨停了，不下了。

抬望眼。抬起头来往远处看。

仰天长啸。抬起头来大喊一声，或是长叹一声。

壮怀激烈。激烈，不能用今天的意思来理解，说是某人说话很激烈。这里要拆开来讲，"激"是激动的意思，"烈"是热烈的意思。

三十功名尘与土。三十，就是三十岁。功名，就是事业。把功名当尘土一样，也就是说不看重功名。

八千里路云和月。八千里路，形容路很远，立志长征打金人。云和月，就是说白天黑夜都得赶路。

莫等闲。不要轻易的意思。

白了少年头。时间过得很快，头发都白了。

空悲切。徒然悲哀的意思，也就是说人老了，想作一番事业也不行了。

串讲大意

我满腔热血，感到怒发冲冠；我靠着栏杆，看着风雨潇潇，以后又停止了。这个时候，我抬起头来远望，同时我还仰天长啸，我雄壮的胸怀再也压不住了。三十多岁的人了，功名还未立，但是我感到满不在乎，我感到功名好比尘土一样，都是不足关怀的。我渴望的是什么东西呢？渴望的是八千里路的长征，我昼夜地赶路，跟白云和明月作伴侣。我们不要让少年头轻易地变白了，到那时悲哀就来不及了。

这一段表现了岳飞急于立功报国的宏愿。

第二段

靖康耻。靖康，宋钦宗年号。靖康二年（1127），金人攻陷汴京（今河南省开封市），把徽宗（钦宗的父亲）和钦宗一齐掳去，岳飞认为这是一种莫大的耻辱。

犹未雪。没有能够雪恨,即仇没有报。

臣子恨。做臣子的心中之恨。古人常把臣跟子连起来说。

何时灭。什么时候才能消灭这个仇恨呵!

驾长车、踏破贺兰山缺。长车,不是说车长,而是指路长。贺兰山,在今宁夏回族自治区东北。缺,缺口,指隘口。全句说"驾着车子一直冲破贺兰山的隘口"。

壮志饥餐胡虏肉。胡虏,指敌人。胡,古代北方的民族,即当时的女真。这句话是夸大的说法,就是说恨敌人恨到极点了。

笑谈渴饮匈奴血。这句话也是夸大的说法。匈奴,古代北方的一个民族。这里指金人。以上两句实际上是表示跟敌人决一死战。

待从头、收拾旧山河。待,等待。旧山河,失去的山河。即岳飞写的四个大字"还我河山"的意思。

朝天阙。最后回来朝见皇帝报功。阙,皇宫门前两边的楼。天阙,皇帝住的地方。

串讲大意

靖康二年的国耻还没有洗雪,臣子的恨什么时候才能够消灭呢?我要乘长车踏破这贺兰山口。肚子饿了,我就吃敌人的肉;口渴了,我就喝敌人的血。我有这个雄心壮志，而且我相信笑谈之间就可以做到。等待我重新收拾旧山河的时候，再回到朝廷报功吧！

这一段表现了岳飞对"还我河山"的决心和信心。

这首词，可以说是岳飞"精忠报国"的誓言。如果说苏轼的词豪放，而岳飞的词则是雄壮。豪放跟雄壮有所不同，豪放只是摆脱了束缚和某些旧的框框；雄壮却是表现出一种浩然之气，英雄的气概。苏轼的词有消极的一面，岳飞的词全是积极的，没有任何消极因素。岳飞表现了一种报国的乐观主义精神。我们说爱国是好的，但是当敌人来了的时候，就有两种爱国的想法：一种是悲观失望，所谓失败主义者，怕亡国而痛哭流涕，不知怎么才能把危亡的局面挽救过来，这种想法，就不值得赞扬了。岳飞是另一种爱国的想法，一点不悲观，而是"壮志饥餐胡虏肉，笑谈渴饮匈奴血"，"待从头、收拾旧山河"。这种乐观主义精神非常伟大。读了这首词以后，我们可以体会到，只有具有高尚思想的人，才能写出感人的词来。岳飞的诗词留下的很少，可是质量非常高。

艺术技巧

"怒发冲冠"和"潇潇雨歇"两句话里，隐含着一个典故。战国时代有一个人，他名叫荆轲，当时燕太子叫他去行刺秦王，他动身前唱了一首歌，歌中有两句话："风萧萧兮易水寒,壮士一去兮不复还。"他唱完这首歌以后,听的人都非常愤慨,愤慨到发上指冠。荆轲是一个壮士,他敢于一个人去刺秦王,这种英雄气概是很了不起的。岳飞用了这个典故,"怒发冲冠"就是从"发上指冠"来的,"潇潇雨歇"就是从"风萧萧兮易水寒"来的。知道这个典故以后,我们就能理解岳飞为什么要这样写了。这样写,一开始就使人感到有一种非常壮烈的气概,岳飞以当时荆轲的豪气,来比自己今天的豪气。

从"怒发冲冠"到"仰天长啸",都是写在家里的情况,他靠着栏杆看下雨,按理说这是一种很惬意的生活,可是他却按不住心头之恨而怒发冲冠。再从"仰天长啸"一句里,就可以看出岳飞精忠报国之心了。

"三十功名尘与土,八千里路云和月",这里表明岳飞高尚的人生观。他对功名不在乎,在乎的是八千里路长征打敌人。这两句话把他爱的是什么,恨的是什么,想要的是什么,看不起的是什么,说得很清楚。他不说"不在乎",而说"尘与土";他不说"走很远的路去打敌人",而说"八千里路云和月"。这样说很形象,很有诗意。

"莫等闲、白了少年头,空悲切",这两句话很好懂,可是作用很大,有力地结束了前面说的壮烈胸怀,所以才说不要等到白了少年头,那时悲哀也就来不及了。

第二段开始写具体事实。第一段里不写,只是把自己的心情写了,把报国之念隐含在里面不明说,留到第二段的开始来说。

"靖康耻,犹未雪。臣子恨,何时灭"这几句话,简单地把这首词的中心思想点明白。为什么要作这首词呢?就是为了这个。这几句话很抽象,但是过渡得很好,下面"驾长车、踏破贺兰山缺"就具体化了。

"驾长车、踏破贺兰山缺"跟下句的"壮志饥餐胡虏肉,笑谈渴饮匈奴血"都是夸张的写法,实际上并不会真是这样子。"饥餐胡虏肉、渴饮匈奴血"也有典故,在《左传》里就有"食肉寝皮"的说法。岳飞用了这句话,无非是表示他对凶残的敌人的无比愤恨。

"待从头、收拾旧山河,朝天阙",表示胜利的信心,以此作收。这里岳飞不说"我一定胜利",如果这样说就太抽象了,所以还是说山跟河,显得有诗意。

南乡子

登京口北固亭有怀

辛弃疾

何处望神州?满眼风光北固楼。千古兴亡多少事?悠悠。不尽长江滚滚流! 年少万兜鍪,坐断东南战未休。天下英雄谁敌手？曹刘。生子当如孙仲谋！

"南乡子"是词牌名。"登京口北固亭有怀"是题目。京口，今江苏省镇江市。北固亭即北固楼，在北固山上。有怀，有所怀念。这首词怀念的是孙权，跟苏轼怀念周瑜差不多。

第一段

何处望神州。神州，战国时驺衍称中国为赤县神州。后来也称中原为神州。东晋时王导说："当共戮力王室，克复神州。"这里指的是尚待克复的神州。南宋与东晋都因外族入侵，迁都江南，情况是类似的。古人有一种说法，认为全世界有九个大州，神州就是其中的一个。这里的神州指中原。原来宋朝的都城在今河南开封，后因金人入侵，宋朝失败，迁都临安（今浙江省杭州市）。这句话是说，在什么地方可以看到中原呢？

满眼风光北固楼。在北固楼上，满眼看到的都是美好的风光，但是中原还是看不到。

千古兴亡多少事？悠悠。从古到今，有多少国家兴起了，又有多少国家灭亡了。悠悠，时间很长，数不清了。

不尽长江滚滚流。长江的水呵！永远流不完，而兴亡之事，也永远是这样。

串讲大意

什么地方可以看见中原呢？在北固楼上，满眼都是美好的风光，但是中原还是看不见。从古到今，有多少国家兴亡大事呢？不知道，年代太长了。只有长江的水滚滚东流，永远也流不尽。我们今天所能看到的就是长江，多少兴亡事情已经过去了。

第二段

年少万兜鍪。年少，少年时代，指孙权十九岁就统治吴国。兜鍪（dōumóu），即头盔。万兜鍪，即一万个头盔，也可以说一万个士兵，形容多的意思。全句是说孙权在年轻的时候就做了元帅，统治着三军了。

坐断东南战未休。坐断，不能拆开来讲，就是据有、占有的意思。战未休，是说打仗没有个完。三国时，吴国的君主孙权，他占有整个东南地方，一边可以对曹操打仗，一边可以对刘备打仗。

天下英雄谁敌手？曹刘。天下英雄谁是孙权的敌手呢，只有曹操和刘备。三国时有袁绍、袁术、刘表、刘焉、公孙瓒、陶谦等诸侯，后来逐渐被消灭了，只剩下孙权、曹操和刘备三个。这里是说孙权的本领大，他能独霸一方。

生子当如孙仲谋。这句话是曹操说的。当时曹操见孙权的军队严整，士气旺盛，他就感到孙权是了不起的人，于是感慨地说，一个人生儿子，要生像孙权那样的才好。曹操为什么要说这句话呢？原因有二：一是曹操年纪大，孙权年纪小，按岁数看，孙权可以是曹操的儿子；一是因为其他诸侯都失败了。如刘表，字景升，为荆州牧，封成武侯，被曹操所灭。所以曹操就说，生儿子要像孙权那样，有雄才大略，能独霸江南，不要像刘景升的儿子那样，等刘景升死了以后，荆州（今湖北省襄阳）就守不住了，这等于养个猪，养个狗。曹操这人很可爱，凡是能跟他做敌手的人，他是很尊敬的。辛弃疾借用这句话作收全词。

串讲大意

当年孙权在青年时代，做了三军的统帅，他能独霸东南，坚持抗战，没有向敌人低头和屈服过。天下英雄谁是孙权的敌手呢？只有曹操和刘备而已。这样也就难怪曹操说："生子当如孙仲谋！"

这首词跟前两首词不同。前两首词的意思比较明显，这首词的意思不那么明显，需要我们去揣摩。苏轼和辛弃疾齐名，都被称为豪放派。辛弃疾写这首词的用意在哪儿呢？就是为了讽刺当时的朝廷，所以他说话不那么直率。他讽刺当时南宋朝廷无能，不但不能光复神州，连江南也快要保不住了。苏轼和辛弃疾的词都是怀古，所怀念的都是三国时代吴国的英雄，在这方面是一样的，但是表现的思想不一样。苏轼生于北宋时代，国家还不那么衰弱，他只是政治上不得志而已，所以他羡慕早年得志的周瑜，同时表现出一种愁闷的心情。辛弃疾生于南宋时代，国家已经只能偏安在江南，所以他借古喻今，颂扬孙权。他说孙权的好，也就是说朝廷的坏，无力抵抗敌人。因此，苏轼的词不是讽刺，而辛弃疾的词全是讽刺。再拿岳飞的词跟辛弃疾的词来比，岳飞的词是爱国思想的表现，很清楚。辛弃疾的词也是爱国思想的表现，但是两者表现不相同。岳飞很直率地说出杀敌报国的决心和勇气，辛弃疾只是委婉地暗示他对于朝廷的不满，所以说表现不同。

艺术技巧

何处望神州？满眼风光北固楼。这两句是倒装句法，即前一句可以移到后面去说，后一句可以移到前面去说，成为："满眼风光北固楼，何处望神州？"为什么不这样说呢？这就跟词牌有关系，因为这种词牌规定头一句只能五个字，第二句七个字，所以只能倒过来说。

千古兴亡多少事？悠悠。这是问答句，先问后答。这两句跟下面"天下英雄谁敌手？曹刘"两句一样。

不尽长江滚滚流！这句话很好，在说千古兴亡事总在那里变化着，而只有长江滚滚流，永远不变。另外，这句话是杜甫《登高》诗中的,诗中说:"无边落木萧萧下,不尽长江滚滚来。"辛弃疾用了现成的句子摆在这里,很合适。所以我们多读古诗有好处。"千古兴亡多少事?悠悠"是问答句,"不尽长江滚滚流"是人家的话;这跟下面"天下英雄谁敌手?曹刘"是问答句,"生子当如孙仲谋"又是人家的话对衬起来了,对得很好。

"天下英雄谁敌手"也隐含着一个典故。据《三国志·蜀书·先主传》载,曹操曾经对刘备说:"天下英雄,惟使君(使君,指刘备)与操耳!"这里辛弃疾运用原话,再加上孙权,成为三人。

"年少万兜鍪"这句话为什么不说一万个士兵,而说万兜鍪呢?这就是以物代人,因为士兵的特征,除了战甲以外,头盔也是特征之一,所以拿头盔当士兵。这样写非常形象。

"生子当如孙仲谋",这句话隐含着很深的意思,就是说今天的朝廷不如当时的东吴,今天的皇帝(指宋高宗、孝宗等)不如孙权。为什么不直说呢?因为直说了就有生命危险。我们这样去体会,就知道辛弃疾写这首词的真正用意了。他对当时朝廷的不满,也就体现了他的爱国主义精神。他的好些词,都是怀着这种心情写的。他有像岳飞那样的"还我河山"的志愿,但是达不到。

以上把三首词讲完了,下面来讲什么是词,什么是词牌等问题。

(一)诗跟词的区别

诗跟词有四方面的区别:

1. 词是由民间文学来的。它本来是配音乐的,跟现在用乐器伴奏唱歌一样。诗最早也是配音乐的,如《诗经》就是如此。后来诗不再配音乐了。词原来是配音乐的,像唐朝的一些词就是歌词,后来文人写词也不作配音乐用了。到了不配音乐的时候,词跟诗没有什么差别,词也可以说是诗的一种,所以有人把词叫做"诗余"。

2. 诗的句子,字数是一定和一致的,如五言诗,五字一句;七言诗,七字一句。词的字数不一定,也不一致,如《南乡子》这首词,有五字一句的,有七字一句的。有些词,从一字一句到十一个字一句的都有。由于词的每句字数不一定,有人就给词起了个别名,叫长短句。

3. 诗的格式只有极少数的几种,如古体诗、今体诗。今体诗里有律诗(五言律诗、七言律诗)、绝句(五言绝句、七言绝句),数来数去也不过这几种。可是词的格式很多,有一千多种,因此词的变化很大。但是在一种里面还是有一定的格式,在这一种格式里字数是一定的。凭什么来决定呢?就凭词牌来决定。词牌就等于一个调的名称,一种格式的标志。

4. 词里用的口语比诗里多得多。可以这样说，诗里用的口语比散文多，词里用的口语又比诗里多，后来有一种体裁叫做曲，曲里用的口语又比词里多，所以越来越白话化了。词有人写得很文，但不管怎么文，总免不了有些白的地方，如苏轼的《念奴娇》一词里，"小乔初嫁了"的"了"字，岳飞《满江红》里的"白了少年头"的"了"字都是白话，再如辛弃疾的《南乡子》一词里，"坐断"就是宋朝时代的白话。所以说词里用的口语是比较多的。

（二）什么是词牌

词牌都有来历。如《念奴娇》，大概在很早的时候就是一个歌曲的名称。"念奴"是一个人的名字，唐代有个很有名的歌女叫念奴，大概有首歌就叫念奴娇。又如《南乡子》，可能最初也是一个歌曲的名称。"南乡"就是南国，或是南方，歌咏这个地方。《满江红》也可能是个题目，大概是说晚霞把江都照红了。因此可以说，原来很多词牌都是题目，只是后来有人模仿这些格式写词，如《念奴娇》有一百个字，有人就模仿它的字数、韵数、平仄和格式来写另外一首词，这种做法就叫做填词。为什么叫填词呢？因为是照旧格式填写的，字换了，但格式没变。填词的时候，不再依原词的题意，于是题目变成了词牌了。

《念奴娇》这首词很有名，有人就按这首词的词牌来填写。由于这首词只有一百字，有人就叫"百字令"，又由于苏轼的这首词头一句话是"大江东去"，有人又改词牌叫"大江东去"；这首词最后一句话里说"酹江月"，有人又把词牌叫做"酹江月"。不管叫什么，实际上都是《念奴娇》的格式。所以填词以后，词牌就跟题目分离了。但是也有的词的题目跟词牌统一起来，如黄庭坚有一首《画堂春》，它的词牌就跟题目统一起来，这种统一起来的就叫本意。本意的词是很少的，多数的词是题目跟词牌不发生关系，词牌只管格式。词牌跟题目分离以后，有些词人在写完词以后才标题，如苏轼的《念奴娇》，他就标个题目"赤壁怀古"。但也有不标题的，如岳飞的《满江红》，就没有标题目，让读者自己去体会词的中心思想。所以有些词只有词牌没有题目，有些词既有词牌也有题目。

词的字数是根据词牌来规定的，如《念奴娇》是一百字，《满江红》是九十三字，《南乡子》是五十六字，都是有规定的。但是某个词牌也可以有几种格式，如《满江红》有九十三字的，有八十九字的，有九十一字的，有九十七字的，等等。虽有这么多种格式，但有些是常见的，有些是少见的，现在我们填写《满江红》，一般都是填九十三个字的，即按岳飞的来填。词有单调和双调之分。所谓双调，就是分为两大段，今天讲的三首词都是双调。这两大段的字数常常是相等或大致相等的，平仄也是大致相等，好像现在一个歌谱可以谱两个歌一样。单调只有一段，这样的词也不少，三段、四段的词也有，那就很少了，一般只有单调、双调两类。

词的韵数也是由词牌来规定的，什么地方押韵，什么地方不押韵，由词牌来规定。词跟诗一样，总是要押韵的，不过词人用韵有时比较宽一些，有时比较严一些。宽一些的韵就不那么协调，严的就协调一些，但不管宽也好，严也好都得用。有人问，为什么《念奴娇》这首词没押韵，这是一个误会，其实这首词是押韵的，不过押得宽一些，是入声韵，北方没有入声，所以不大体会得出来。这首词的"物、壁、雪、杰、发、灭、发、月"等字，如果用上海话念起来都是押韵的字。哪首词用平声韵，用仄声韵，用入声韵，也大致有个习惯。如《念奴娇》《满江红》一般用入声韵，《南乡子》一般用平声韵。

诗跟词都有平仄的规定。词的平仄也是固定下来的，如苏轼的词里说"乱石穿空，惊涛拍岸"这两句话，能不能对换呢？不能。因为必须先写"乱石穿空"（仄仄平平），后写"惊涛拍岸"（平平仄仄），如果换了，平仄就不合。再如岳飞的词里说"壮志饥餐胡虏肉，笑谈渴饮匈奴血"

这两句里的"胡虏"和"匈奴"都指敌人，能不能对换一下呢？不能。因为第一句的第六个字必须是仄声字，第二句的第六个字必须是平声字，所以不能调换。就以"笑谈"两字来说也不能对换，因为第二字要求是平声字。还有辛弃疾的词里说"千古兴亡多少事"这一句，实际的意思是"千古多少兴亡事"，为什么不这样说呢？就是由于平仄的限制，这句的平仄要求是：仄仄平平平仄仄。所以"兴亡"跟"多少"必须对调。在毛主席的词里有句话"一唱雄鸡天下白"，意思就是"雄鸡一唱天下白"，为什么不这样说呢？道理跟上一句话是一样的，如果说"雄鸡一唱天下白"，意思没有错，可是平仄不对了。

我的治学经验

近几年来,要我写自传、谈治学经验的不少,我一向不愿意写,不愿意讲。因为我的学术成就不大,我的治学经验未必值得借鉴。可是作为北京市语言学会的会员,会议要求我和同志们交流治学经验,我只好勉强来讲讲,向同志们请教。

我认为,所谓这经验,主要是修养问题。所以今天我就主要来讲讲研究语言学应有的修养。

(一)方法论

我常常对我的研究生说:科学研究并不神秘,第一是要有时间,第二是要有科学头脑。有时间才能充分占有材料,有科学的头脑才能对所占有的材料进行科学的分析。古今中外有成就的科学家都是具备这两个条件的。我在学术上成就不大,就是因为我没有能够完全做到这两点。

解放后,我学习了《马恩列斯思想方法论》,懂得了进行科学研究必须搜集丰富的材料。充分占有材料之后,要分析材料的种种发展形态,并探究这种种形态的内在关系。在研究历史的时候,要说明某种现象在历史上怎样产生,并根据它的发展情形去观察这个现象现在变成了什么。这个马克思主义的方法论,对我五十岁以后的科学研究帮助很大。

(二)普通语言学的理论指导

我在我的《中国现代语法》自序上说:"中国语法学者应该有两种修养:第一是中国语史学;第二是普通语言学。"用普通语言学的理论来指导我们的汉语研究,就能开辟许多新的园地。有人说我做了许多开创性的汉语研究工作,其实并不是什么开创性,只是普通语言学原理在汉语研究中的应用。

普通语言学里讲到很多很重要的道理,例如"语言是一个系统"这一个原理就很重要,我一生受用不尽。我从先秦古韵脂部中分出一个微部,主要根据是语音的系统性。要是从《诗经》用韵来看,好像独立不出来。因为微部字和脂部字合韵的相当多。但是我们得承认合韵。段玉裁在《答江晋三论韵》中说:"谓之合而其分乃愈明,有权而经乃不废。"

不承认合韵,很多韵脚就混成一团。段玉裁从真部分出文部来，文部跟真部就有合韵的，怎么又分出来了呢？主要是看系统，要看它们在系统中能不能分。

从前，我在我的《汉语音韵学》里批判了戴震，说他唯心主义，后来我想：戴震是对的。他的话的大意是：按照系统来说，应该分的就分，不能因为有一两个合韵就不敢分；按照系统不能分的就不分。戴震提出的原理，从系统来看是对的。作为一个原理，批判它是不应该的。他的阴阳入三分，也是根据"语言是一个系统"看出来的。他的古音韵研究得不够好，是因为他没有能按照他所提出来的观点去做。可见，系统性很重要。

段玉裁从真部分出文部来，但是没有阴声；入声和文部对转。入声摆到哪里去了呢？摆到脂部（第十五部）去了。章太炎从脂部入声中分出一个队部（黄侃叫做没部），这就是文部的入声。按照语言系统，阴阳入对应，还差一个阴声。我从脂部分出微部，使微、物、文三部成为阴、入、阳三声对转，这是从系统性看出来的。两年前，我看到日本藤堂明保写的《汉字语源研究》采用了我的微部说，他说这样就有了系统性了。其实微部独立也不是我独创的。章太炎在《文始》里把"虽、椎、雷"等字归入队部[①]，我

---

① 章氏后来在《国故论衡》里，认为队是去入韵。

受他的启发，从系统性出发，分出了微部。当然单凭系统性，没有材料证明也不行。我是从南北朝诗人用韵的实例中发现这个情况的，因为在南北朝，脂、微还是分开的。

两年前我发表了一篇文章，讲普通话的日母字读音不应该是高本汉说的那样，是什么[ʐ]的浊音。当然不单是高本汉这样认为。很早的时候许多人都认为日母是[ʂ]母的浊音。我认为现代普通话的日母字的声母应该是[ɹ]①而不是[ʐ]。这也是从语音的系统性考虑的结果。这当然要用几方面来证明，首先用语音实验证明。不必用机器，只凭听觉就行了。把"神"shén中的sh念浊音，就不能念出"人"字来。当然用机器实验就更好了。考虑系统性也是一种证明方法。大家知道，现代北京话已经没有浊音声母了，[p]系、[t]系、[k]系、[tɕ]系、[ts]系都没有全浊声母，怎么在[tʂ]系中就会冒出一个全浊声母呢？从系统性来看，是不可能的。

再说，从语音发展看，浊上变去，古代浊音上声字会变成去声，但是次浊就不变。"柳"字的读音不会变为liù，"忍"字的读音不会变为rèn，"语"字的读音不会变

---

① 最近我又认为不是[ɹ]而是[I]，见《再论日母的音值，兼论普通话声母表》。

为 yù。次浊上声不变去，这也是系统性的表现。因此，日母字不可能变为去声。如果日母是 sh 的浊音，为什么它的上声字不变为去声呢？

举出上面这些例子，意思是为了说明："语言是一个系统"这个原理我一生受用不尽。我用这个原理指导我的语言研究，相信是有成效的。

普通语言学还有这样一个原理：语言的历史发展也是系统的。从一个时代变到另一个时代，是一个新的系统代替一个旧的系统。它不是零零碎碎地变的。所以我们研究语言史决不能零敲碎打，而必须对整个语言系统进行全面的审查。

语言是社会的产物，没有社会就没有语言。这也是一个普通语言学的原理。我们研究语言，就要注意语言的社会性。我国古代的语言学家反对孤证。孤证之所以不可靠，是由于它缺乏社会性。

什么叫孤证？孤证就是缺乏社会性的偶而出现过一次的例证，例如：某个字在一个时代只在一本书中的一篇文章里出现了某一种意义，于是就以此为根据，给这个字提出一个义项来，这样的根据就是孤证。近些年来我看一些字典、词典的样品，就发现这个问题。举两个例子：有一本字典中，"信"有一个义项是"旧社会指媒人"，例证是

《孔雀东南飞》中有个"信"字作媒人讲①。这就是个孤证。因为，除了《孔雀东南飞》以外，没有哪一本书或哪一篇文章里的"信"字是当媒人讲的——至少我还没有发现。我查余冠英注的《乐府诗选》的解释是："信，使者；断来信，就是回绝来使，指媒人。"他解释得很好。我们编《古代汉语》，经常讲一个字本来指什么，在这里受上下文的影响指的是什么。这在语言学上叫做临时意义。

黎锦熙有句名言说得很好："例不十，法不立。"他还说："例外不十，法不破。"为什么这么说呢？也就是要注意语言的社会性。我在三十多岁的时候写了篇文章，说上古时代没有系词，直到现在还在争论。反对的就找例证，其中有个别例子是成立的。但是"例不十，法不立"，例子那么少，是不是应该怀疑这本书经过后人篡改了啊？《论语》中写子路问路于桀溺，桀溺问他："是鲁孔丘之徒与？"有人根据这个例子反驳我说："这个'是'字，就不是个指代词。"这个反驳是很有力的。但是后来我看到《史记·孔子世家》里，桀溺的问话是："子孔丘之徒与？"就没有那个"是"。可以不可以说，"是"字是后人加的呢？很可能！"是"字作为一个系词，今天看书看报，满

---

① 古诗《焦仲卿妻》："自可断来信，徐徐更谓之。"

纸都是。但是在上古可不是这样，得辛辛苦苦地去找，很不容易找到一个例外。

　　文字也要注意社会性。我们说先秦时代"悦"字是"言"旁，不写作"忄"旁。如果先秦有"悦"字，《说文解字》就应该收它。没有收，可见没有①。可是偏偏《孟子》中就有它，《庄子》是两个（说、悦）都用。还有一个"悬"字。《说文》中只有"县"没有"悬"，可是偏偏《孟子》中就有"悬"字。怎么解释？我认为很可能是后人传抄产生的错误。这一点也不奇怪。现在我们印书，经过校对，还出那么多的错误，古人传抄就没有错误？那么，为什么《论语》没有"悦"字呢？因为它是经书，传抄的人不敢随便改。不是经书的，他就敢改。《孟子》虽然也是经书，但它是到宋代才上升为经书的，在这之前，人们也敢改。《孟子》里那么多"悦"字、"悬"字，就很可能是后人改出来的。不然，孟子那个时代没有的字，怎么会在书里出现呢？出现了，又有谁懂它呢？

　　再如"阵"，上古都写成"陈"。颜师古在《汉书注·刑法志》里说："战陈之义本因陈列为名，而音变耳。字则作陈，更无别体，而末代学者，辄改其字旁从车，

---

① 徐铉《进说文表》："悦，经典只作说。""俗书讹谬，不合六书之体。"

非经史之本文也。"但是我们编的字典、词典倒有新发现："阵"在《吕氏春秋》里就有。怎么看这个问题呢？这就要用语言（这里是文字）的社会性来分析了。别的书里没有，《吕氏春秋》里有，《吕氏春秋》的作者能造出一个人家都不懂的字吗？颜师古连《吕氏春秋》也没有读过？不可能吧？

上面说的是语言的社会性，这个原则非常重要，下面要说说历史比较法这个原则。

历史比较法也很重要，特别是对于研究汉语史。不研究历史比较法，就研究不好汉语史。举例来说，历史比较法有一条：条件完全相同的语言，它不会忽然就分成两个、三个。音韵学家说，"家"古代要念成 gū。后来汪荣宝他们认为古代"姑"要念成 jiā。谁对呢？谁都不对。为什么？假如"家、姑"在上古时代读音完全相同的话，怎么又会分成两个音的呢？这是说不清楚的。所以，我们要研究历史比较法。对于古音的拟测，这个原理十分重要。高本汉尽管对上古汉语的语音拟测得不好，但是有一点应该肯定：他是接受了历史比较法的。他不会把"家"念成"姑"，也不会把"姑"念成"家"。

（三）语言学和古代汉语

我从七岁启蒙，读的是文言文。先念《三字经》，接着就念《五字经》——我们家乡管《神童诗》叫《五字经》。什么"天子重英豪,文章教尔曹。万般皆下品,唯有读书高"。我们家乡不兴念《百家姓》,所以没念。老师说《四字经》——我们家乡管《千字文》叫《四字经》——太深了,所以我也没念。我们家乡那个地方很偏僻,没有机会接触什么古书,连《十三经》都没有,顶多是四书、五经,我好像只念过四书,非常闭塞。

后来我到一个亲戚家当了小学教师。有一家亲戚的父亲在广雅书院当过学生,家中藏书很多,可是这个亲戚不怎么读书,把书堆在一个房间里,堆得满地都是。我说:"你的书不看,可不可以借给我看?"他说:"难得。反正我也不搞这个,你拿去替我保存好了。"我就把整整十四箱书都搬到家里去了。这么一来,我就像进了宝山,发现了宝。那些书不只是四书、五经,连天文地理,甚至还有《开元占经》之类,于是大开眼界。当然,我不能全都读,但是至少是知道了天下之大。这十四箱书对我后来的科学研究有多大影响,当时我不知道,后来我才懂得:不懂古代汉语,要研究汉语史就没有基础,甚至研究现代汉语,也不能没有古代汉语的基础。

研究普通语言学要不要有古代汉语的基础呢?这个问题我们争论过。有人说,研究普通语言学就用不着先研究好汉语。我说：不行！世界上那些研究普通语言学有成就的著名语言学家，都对自己本族、本国的语言有透彻的研究，否则写不出普通语言学的书来。我在自己的实践中越来越感觉到：所谓打基础，首先就要打好汉语的基础。

（四）语言学和外语

几十年前，赵元任先生跟我说："什么是普通语言学？普通语言学是拿世界上的各种语言加以比较研究得出来的结论。"我们如果不懂外语，那么普通语言学也是不好懂的；不单研究汉语，也要懂外语。两年前，有人埋怨我说："我考你的汉语史研究生，为什么非考我外语？"至于对考大学中文系而考外语有意见的，那就更多了。

为什么学中文、研究汉语的人要懂外语？一条理由是：现在越来越多的外国人研究中文，有的还研究出很好的成果，写的论文值得参考。我们花时间拼命研究的问题，很可能是人家已经研究出成果的。人家的论文是用外语写的，不懂外文怎么读呢？近两年，汉藏语系学术会议，我看到美国的、法国的一些作者寄来的论文很好，很有价值。例如，关于内外转的问题，罗常培先生写过文章，我看了不满意。我也写过这方面的文章，觉得也没有解决问题。两年前看到美国的汉学家的文章，我认为他解决了问题。总之，有些好东西，用外文写的，我们要看，就得懂外语。

另一条理由是：研究汉语史要用外国语言的发展情况来比较、参考。这有好处。最近我写汉语语音史，把上古喻母四等拟测为［ʎ］。我认为喻母四等在上古可能是某种 l（是与 j、q、x 同部位的 l）。这个意见跟李方桂先生的意见比较接近。他讲是一种［r］。同法语［l］的湿音化（mouillé）比较，很像，说明喻母四等后来变成了［j］。

外语很重要，可是在这一方面，我的修养很差。由于我没有上过中学，我到二十四岁才学英语。二十七岁我开始学法语，因为要到法国去念书。到了法国，法语还不会说。五十岁学俄语，那已经是解放以后的事了。我在三十九岁的时候休假一年，到越南学东方语言，主要学越南语。为什么说我的外语很差呢？我至今只能看英文书而不能用英语会话，俄语、越南语就更不行了，要借助于字典才能看书看报。我不懂日语，去年到日本去就变得"又聋又哑"。最近半年来，我每天早上听北京的日语广播讲座，但是年纪大了，记不住了。

尽管我的外语学得很差，可是就凭这一点外语知识，得到的好处却很大。我在三十多岁的时候写了一本《中国语法理论》，讲汉语的语法特点。要看出并说明汉语语法的民族特点，就必须用外语和汉语比较。在书中我用了英语、法语来作比较（偶尔也引几段德语，那是抄来的，我不懂)。我还凭这点外语知识读了一些外国出版的语言学书籍和杂志。

(五)语言学和文学

语言学和文学的关系非常密切。高尔基说过:"语言是文学的第一要素。"我说:"文学是语言的精华。"

我在法国留学的时候,因为没有钱用,就卖文来维持生活。我先后翻译了三十多部法国文学作品,似乎是脱离了本行,不务正业,但是我至今不后悔。因为,有了一些文学修养,可以使语言的研究工作做得更好一些。

大家知道我写了一些有关诗词格律的书。诗词是文学方面的问题,而格律又是语言学方面的问题。所以许多地方,语言和文学是不可分的。

(六)语言学和逻辑

上面说过,从事科学研究要有科学头脑。对语言研究来说,科学头脑也就是逻辑头脑。

我在1932年写了一本《论理学》(即《逻辑》),收在《万有文库》里。1961年我写了一篇《逻辑与语言》,登在《红旗》杂志上。这里我要强调的是逻辑头脑对于语言研究的重要性。

科学研究所使用的方法,在逻辑上说,主要是归纳法。在充分占有材料以后,要对所掌握的丰富材料进行分析、归纳,才能得出结论。科学上犯错误,常常是由于没有使用归纳法,有点材料,马上使用三段论,演绎推理。科学的结论只能产生在分析、归纳之后,而不是在它之前。演绎推理还是需要的,但是合乎逻辑的顺序应该是:首先经过归纳,得出正确的结论,再用这个正确的结论作为前提,进行演绎推理。大前提正确,才可以演绎;大前提一错,一切全错。

循环论证是语言学界最容易犯的毛病,我们应该努力避免。我经常向我的研究生强调这一点。有的人口头上明白这个道理,可是实际上做起来却胡涂。去年有个研究生写了一篇论文,讲古汉语中的使动词。他说,使动词就是能带使动宾语的动词。他又解释使动宾语说,使动宾语就是在使动词后边的成分。这样的话给人讲明白了什么呢?我再三警告他不要犯循环论证的错误,但是他写起文章来就忘了。

我认为逻辑思维是很重要的。如果有两个人一样下大功夫,而其中一位成就大,另一位就不行,区别恐怕就在于有没有逻辑头脑。

(七)语言学和音乐

语言,特别是汉语,和音乐的关系是很密切的。为什么?因为汉语是声调语言。从前我在法国,有人问我:"听说你们汉语是声调语言,那说汉语不就等于唱歌了吗?"我说:"那也差不多。"

语言的声调和音乐的关系是很大的。我学过王光祈的《中国音乐史》,获得了许多中国音乐的知识。例如,我懂得了三分损一、三分益一的乐理。律吕的知识对研究诗歌很有用处。汉语的声调是可以用五线谱谱出来的。

最近我跟几个同志一起研究京剧的唱腔,这跟音乐的关系更大了。我们知道,中国的戏曲,唱起来常常是和语言的自然声调一致的。一致,才叫人容易听得懂;不一致,就不大好。现在有一些歌不讲究和语言的自然声调一致,听起来别扭,例如"你是灯塔",唱起来好像在说"你是等他"。京剧,以及一些其他的地方戏有时听起来好像也不和语言的自然声调一致,那是因为方言的关系。

汉语和音乐的关系,如果没有一点乐理知识,就不容易理解。

(八)语言学和自然科学

语言学和自然科学的关系十分密切,特别是现代,产生了语言学和许多自然科学的边缘科学,语言学和自然科学的关系就更加密切。

语言,在脑子里没有说出来的时候,叫语象,这是心理学问题。发出语音,气从肺部经声门、声带,到口腔、鼻腔、舌头牙齿，这是生理学问题。声音发出来以后在空气中传播，这是物理学问题。这三个学科，和语言学的关系是太密切了。

语言学理论中有一个很重要的发展，叫音位学，这是从心理学来的。还有实验语音学，这是生理学、物理学在语言研究中的运用。我在巴黎大学学的就是实验语音学。我写的博士论文，题目就是《博白方音实验录》。开始的时候，我觉得困难重重。我没有上过中学，对物理学一窍不通，对生理学更是莫名其妙。我花了很多时间去观察人体解剖图，研究横膈膜、喉头、声带和各种发音部位。我学会了使用浪纹计和音叉，学会了音频的实验，这样，才把语音实验做下来。要是不懂物理学（主要是声学），很多东西就讲不清楚，例如：什么叫元音？元音的性质是什么？音色决定于什么？等等。如果我们没有一点声学知识，就不能进行语音实验。最近十多年来，实验语音学又有了更大的发展，要学会使用语谱议，要学会分析共振峰（共振峰与元音的关系特别大）。

1970 年我翻译 R. Jakobson 的《语音分析初探》，觉得很吃力。许多自然科学术语我不懂，只好向朋友请教。最后，经吴宗济同志审改，才得以发表出来。

我在学习语言学的时候，碰到有些语言学著作是用数学来说明某些语音问题的,我就看不懂,也只好去请教朋友。1961年我主编一部《古代汉语》。《古代汉语·通论》中有《古代文化常识》,头一篇就要讲中国古代的天文。我急来抱佛脚,只好去学天文。学天文要懂三角,我又去学三角。拿中国古代天文与现代世界通用的天文进行对比,就不是简单的事,例如现代天文学中讲的某个星座相当于古书中所说的什么星,要弄清楚是不容易的。可是如果不弄清楚,古代汉语的有关部分就弄不懂。《诗经·豳风·七月》头一句"七月流火","火"是心宿,这还好办,什么叫"流"?依余冠英先生的解释是:每年夏历五月黄昏的时候,心宿当正南方,过了六月就偏西而下了。他讲的是夏代的天文,到周代就不一样了。戴震在《诗补传》上说,由于岁差的关系,周代心宿到六月在黄昏时才中天,所以说"七月流火"。可见天文学对古代汉语的研究是很重要的。

自然科学重要极了。学了自然科学可以增长知识,更重要的是可以训练我们的头脑。我们搞文科的人常常缺少科学头脑。在自然科学里,对就是对,错就是错,没有科学头脑就不行。搞语言学的人有了科学头脑,语言学就可以搞得好得多。在这方面,我可以说是太糟糕了,因为我没上过中学。前年我在武汉开的中国语言学会成立大会上讲我对于语言研究的意见，冒出了一句讲稿上原先没有的话，就是："我一辈子吃亏就吃亏在我不懂数理化。"后来许多报纸报导的时候说：王力说研究语言的人要懂数理化。这样的报导搞丢了一个字，不是研究语言，而是研究语言学要懂数理化。

学点自然科学，懂了数理化，有一个科学头脑，在语言学研究中随时用得着。

*　　　*　　　*

以上讲的八点，可以说是我的治学经验。八点都是讲的学术修养的问题。我认为除了修养以外没有什么可谈的。就我自己的实践来说，有成功的方面，也有失败的方面。失败的方面在于外语没有学好，自然科学也不行。我认为，我们研究语言学必须掌握与语言学有关的科学知识，然后才能把语言研究工作做好。这不是说要由博返约，不是说先打好基础，就可以研究好语言；而是说，要把各种有关的知识当作语言学的组成部分来对待。例如声学，声学应该是语言学的一个组成部分。不是学了声学，由博返约，再回来研究语言学。前面说的八点，都应该说是语言学的组成部分。不知我的意见对不对，说出来供同志们参考。

前几天，我写了一篇文章纪念赵元任先生。文章说到赵先生为什么取得了那么高的成就。赵先生就是因为有多方面的基础才取得那么高的成就的。这个话,我在授予赵先生北京大学名誉教授的会上也说过。赵先生二十六岁在哈佛大学拿到了哲学博士学位。1921年英国大哲学家罗素来中国,他当翻译。此后,他到他的母校康纳尔大学当物理学讲师。1925年他回到清华大学教书,开始他教数学,后来才到清华研究院当教授,教语言学。他文学也不错,翻译过《爱丽丝漫游奇境记》。他在音乐方面的造诣就更深了。1981年他回国,音乐界人士专门开会欢迎他。赵先生是由哲学家、物理学家、数学家、文学家、音乐家做底子,最后才成为世界闻名的语言学家的。我一辈子都想学他,没有学好,为什么?因为我先天不足,学术修养很差,特别是自然科学基础差,以致我的学术成就平平(这不是谦逊,而是实情)。

我说的八点,也可能有的对,有的不对,请同志们多多指教。

本文是作者1982年在北京市语言学会首届年会上的报告,原载《高教战线》1984年第5期。

编后记

  鉴于文言文教学的重要性，以及中学语文教师对文言教学方法的认识存在不到位、不清楚，亟需专业权威参考书的现状，我们策划了这本书。

  本书由熊江平选编并导读。熊江平，人民教育出版社编审、课程教材研究所研究员，著名语文教育专家，1982 年毕业于北京大学中文系汉语专业，长期从事语文教育研究，曾主持或参与多套中学语文教材的编写。

  选文依据中华书局 2015 年 4 月版《王力全集》排印。依据《通用规范汉字表》校订了个别字形，按照本套丛书的要求统一了体例，删去了部分文章正文前的标题提示。

  本书由王力先生之子王缉志先生授权我馆出版，谨致谢忱！